李兴海◎主编

诗词之美

●跟着古诗文学写作●

（六）

石油工业出版社

本书编委会

主　　编：李兴海

副主编：徐　曦

编　　委：

耿　平　　杨　蕾　　王　霞　　李红卫

陈　阳　　代孔胜　　李　赟　　鲁先圣

刘东伟　　朱国勇　　周正旺　　杜　毅

刘正权　　缪晓俊　　张正旭　　姜钦峰

张秋蓉　　张提恒　　马朝兰　　李　杨

周锦瑞　　吴跃昆

前言

作文应该怎样写

作文应该怎样写？我去全国各地讲课的时候，几乎每所学校的学生都能提到这样的问题。

三十年前，我的小学语文老师跟我说，写作文抓住六个字就可以了——凤头，猪肚，虎尾。

什么意思呢？简单地说，作文其实就是三段式。开头，中间，结尾。开头是凤头，得浓墨重彩，像凤凰的头一样，引人注目。中间是猪肚，得足够宽、足够大，内容得多。结尾是虎尾，要像老虎的尾巴一样，精悍有力。

于是，三十年前，我们全班的作文，几乎都是三段式。

三十年后，依然还有老师在用这样的方法教孩子写作文。我跟老师们交流之后得知，老师们对教三段式写作方法也很无奈。为什么呢？因为繁重的教学任务，让他们根本没有多余的时间去研究写作。

当了几次作文大赛的评委之后，我更加感慨，模式化作文的教学对孩子文学天分的影响，远远超出我们的想象。六年级的顶尖作文，其水平几乎可以和高中的顶尖作文持平。为什么呢？因为框架作文，都有一定的高度和宽度，达到这个高度和宽度的极限，你几乎不可能再有突破。

在云南的一所小学讲课时，我对孩子们说，作文有一个很重要的部分，就是画面感。用你的文字，像播放动画片一样，给读者传送你想要营造的画面。孩子们不懂，说太高深了，我说其实很简单，你们背过的古诗，大部分都有这个功能。接着，我用杜甫的《绝句》这首诗跟孩子们做分享。

"两个黄鹂鸣翠柳，一行白鹭上青天。窗含西岭千秋雪，门泊东吴万里船。"这首诗，我只要背出开头两个字，不管一年级还是二年级，或是六年级的孩子，顺着就可以背完。

孩子们说太简单了，这有什么可学的。

我让孩子们都把眼睛闭上。我说我来给你们讲解一遍这首诗，你们闭上眼睛，等会儿告诉我，听完讲解，你的脑海里浮现的是什么。

"'两个黄鹂鸣翠柳'，翠柳，是什么意思呢？就是新春刚刚发出来的柳条，还带着草丝一样的鲜绿，这新抽出来的柳条上，有什么呢？有叽叽喳喳的两只小黄鹂。小黄鹂的声音，婉转动听。'一行白鹭上青天'，是什么意思呢？远处的天上，有一行白鹭，扑着翅膀，朝着碧青的天空优雅飞去。注意，这白鹭的姿态，和黄鹂，和麻雀，都不同。白鹭体型偏大，羽翅较宽，所以摆动翅膀的速度会慢一些，特别优美。"

"'窗含西岭千秋雪'，这里有些奇怪了，怎么还有雪呢？不奇怪不奇怪，海拔过高的地方，山巅通常都有终年不化的积雪。但这里，应该不是高海拔，也不是真的一千个秋天都没化掉的雪，而是春天刚来，寒气仍在，山巅的雪都还没有融化。'门泊东吴万里船'，这句不能单独来说了，我得帮你们理一理眼前的景象了——此刻，坐在窗前，你可以看到的是什么呢？近处，有两只黄鹂，在新春的柳条上叽叽喳喳叫唤，柳树旁的河面上，停泊着万里之外驶来的船只，风尘仆仆。远处，是积雪的山巅，而比山巅更高更远的碧青的天空中，是一行张着翅膀要去到处旅行的白鹭。"

孩子们一直没有睁开眼睛。两分钟后，我让他们告诉我刚才看到了什么。很多孩子都说："老师啊，我们看到了一幅山水画。"

我们的作文课里，有一个很重要的部分，不是技法，不是框架，而是文学的美感。为什么这套书，选择用古诗词这个文体，并且大部分选用的是孩子们读过背过的古诗词，目的也是在此，就是想让孩子们感受到，文字的美离我们很近很近，不但我们可以读，还可以从中学到写作文的灵活方法。

为了让孩子们学习起来更有趣，更事半功倍，在本套书中，我不但参照小学各年级语文教学大纲，还根据孩子的语文学习程度安排内容，更是特意在栏目的设置上花了心思，不但有读，有写，有练，有积累，还有名师引导和点评，让孩子们可以通过这本书，拓宽眼界，打开属于自己的作文之门。

这套书，就是我想给孩子们的作文课。

一路开花

2018年9月27日

目录

写人篇

好词大搜索／13

记事篇

成长故事 63

写景篇

湖光山色 83

好词大搜索 /92

四季风情.................................101

好词大搜索 /118

状物篇

好词大搜索 /126

应用篇

好词大搜索 /152

好词大搜索 /167

好词大搜索 /194

想象篇

好词大搜索 /212

童话时空..................................... 215

好词大搜索 /234

写人篇

名人风采

▶ 通过注释理解诗词大意，感悟古诗表达的思想感情。

▶ 学习夹叙夹议的写作手法。

我爱古诗文

　　同学们，说起名人，你们一定会想到那些战斗英雄、作家、画家，还有歌星、影星、球星，等等。其实，从古到今三百六十行，行行出状元：古有蜚声诗词界的李白、杜甫，医学界的华佗、李时珍；今有电子商务行业白手起家的马云，被称为杂交水稻之父的袁隆平……他们在不同的行业中都创造了不同的辉煌，成就了自己的人生。就连我们身边也会有一些名人，例如厨艺可以媲美五星级大厨的妈妈、连续三年获得"优秀老师"称号的班主任，以及在平凡岗位上取得优异成绩的工人叔叔，他们都是我们心中的名人，都值得我们敬佩和学习。那么你能把这些人物的性格特点、精神风貌，详实地写下来介绍给大家吗？

　　夹叙夹议是一种叙述和议论交互穿插的写作方法，它要求一面叙述某个人或某件事，一面又对这个人或这件事进行分析、评论，以发表对所述人与事的看法。这种方法的好处是：笔法灵活多变，生动活泼，还可以起到总起、提示、过渡和总结等作用。

　　我们通过唐朝诗人许浑的《途经秦始皇墓》和杜甫的《蜀相》两首古诗，学习夹叙夹议的写作手法，以便能够更加具体地记叙事件，充分地抒发感情，揭示所写对象的精神风貌。

 佳篇点击

途经秦始皇墓①

［唐］许浑

龙盘虎踞②树层层，

势入浮云亦是崩③。

一种④青山秋草里，

路人唯拜汉文陵⑤。

【词释义】

①秦始皇墓：在陕西临潼下河村附近，南依骊山，北临渭水，坟茔巨大，草木森然。

②龙盘虎踞：就像龙盘绕着、猛虎蹲着一样。常用来表示地势险要、雄伟。又写作"虎踞龙盘"。

③崩：崩溃、崩塌、崩裂；帝王或王后之死也叫"崩"。

④一种：一般，同样。

⑤汉文陵：即霸陵，汉文帝刘恒的陵墓，在今陕西西安东郊的霸陵原上，距秦始皇陵不远。汉文帝生前以节俭出名，死后薄葬，霸陵极其朴素，受到后人称赞。

【悟诗意】

　　龙盘虎踞、地势雄峻，绿树一层层，哪怕高入浮云最终也是要坍崩。秦王嬴政和汉文帝刘恒同样葬在青山秋草里，人们却只去祭拜汉文帝的霸陵。

【知诗人】

　　许浑　唐代诗人。字用晦（一作仲晦），润州丹阳（今属江苏）人。大和年间进士，曾任虞部员外郎、睦州和郢州刺史等官职。自少苦学多病，喜爱山水林泉。他的诗长于律体，多登高怀古之作。有《丁卯集》。

【表诗情】

　　作为中国历史上第一个统一的封建帝国的君主，秦始皇以他的雄才伟略为此后长达两千年的封建国家奠定了统治的蓝图。但他同样以残暴寡恩的形象留在后人的记忆之中。

　　"龙盘虎踞树层层，势入浮云亦是崩"，首句介绍秦始皇墓南依骊山，北临渭水，地形雄伟，景象佳丽，有"龙盘虎踞"之势。以"树层层"来烘托，更见其气象的不凡。次句前四字"势入浮云"，是指陵墓历经千余年，到晚唐仍是群树层叠，高薄云天。描述了秦始皇墓的雄伟壮观。诗人在墓前驻足，目光从墓基转向墓顶，见到的是层层绿树，直上云天。眼前的高坟，象征着秦始皇生前的煊赫。

　　"一种青山秋草里，路人唯拜汉文陵"，这两句从"崩"字悄悄引出，进一步写出了秦始皇形象在后人心目中彻底崩塌。同样是青山秋草，路人却只在汉文帝陵前参拜。

　　汉文帝是汉代初年文景之治的代表人物，他推行黄老之治，与民休息，艰苦朴素，曾欲建一露台，但核算工价需千金，相当于十户中等人家的财产，汉文帝立刻停止这个露台的修建。他在历史上算得上是一位能够了解人民疾苦的好皇帝，同样，人们也只会纪念和缅怀这样的统治者，而不会去对那残暴刻薄的秦始皇顶礼膜拜。民心所向，在这个小小的参拜陵墓的行为中显现得很清楚了。

　　诗题是写过秦始皇墓，此处却着力写汉文帝陵，看似文题不符，实际上是在两种统治方式、两种对待人民的态度的对比之下，对历史人物加以评价，让诗的主题更显突出。

【收藏夹】

　　这首诗明白无误地表现出作者自己的历史观、是非观，可说是一首议论诗。诗人通过夹叙夹议的写作手法表达了他对秦始皇这个历史人物的基本评价。诗人刚开始在描述秦始皇墓时，或以"龙盘虎踞"状之，或以"树层层"烘托之，或以"势入浮云"陈述之，把秦始皇墓的雄奇壮伟，气象万千，呈现了出来。可是"亦是崩"三个字将覆亡之迅速与秦始皇在位时不可一世的声势，形成极富于讽刺性的鲜明对照。一个"崩"字，声如裂帛，宣告了秦朝皇帝已死，秦朝已亡。秦始皇苦心经营的"子孙帝王万世之业"，在读者的面前以电光火石的速度土崩瓦解。诗人的嘲讽尖锐泼辣，反映了作者对残暴的统治者的愤恨和对谦和仁爱的统治者的怀念。

读诗学写作

 **诗文扫一扫**

蜀　相①

〔唐〕杜甫

丞相祠堂②何处寻，锦官城③外柏森森④。

映阶碧草自春色，隔叶黄鹂空⑤好音。

三顾频烦天下计⑥，两朝开济⑦老臣心。

出师未捷身先死，长使英雄泪满襟⑧。

【词释义】

①蜀相：三国蜀汉丞相，指诸葛亮（孔明)。

②丞相祠堂：即诸葛武侯祠，现在成都。

③锦官城：成都的别名。

④柏（bǎi）森森：柏树茂盛繁密的样子。

⑤空：白白的。

⑥三顾频烦天下计：意思是刘备为统一天下而三顾茅庐，问计于诸葛亮。频烦，犹"频繁"，多次。

⑦两朝开济：指诸葛亮辅助刘备开创帝业，后又辅佐刘禅。两朝：刘备、刘禅父子两朝。开，开创。济，扶助。

⑧出师未捷身先死，长使英雄泪满襟（jīn）：出师还没有取得最后的胜利就先去世了，常使后世的英雄泪满衣襟。指诸葛亮多次出师伐魏，未能取胜，至蜀建兴十二年（234年）卒于五丈原军中。出师，出兵。

【知诗人】

杜甫（712-770）　唐代诗人。字子美，诗中尝自称少陵野老。原籍襄阳（今属湖北），迁居巩县（今河南巩义）。杜审言之孙。举进士不第，曾任检校工部员外郎，故世称杜工部。其诗大胆揭露当时社会矛盾，对穷苦人民寄予深切同情，内容深刻。许多优秀作品，显示了唐代由盛转衰的历史过程，被称为"诗史"。在艺术上，善于运用各种诗歌形式，尤长于律诗；风格多样，而以沉郁为主；语言精练，具有高度的表达能力。著有《杜工部集》。

【悟诗意】

诸葛丞相的祠堂去哪里寻找？在成都城外那翠柏长得郁郁苍苍的地方。碧草映照石阶呈现自然的春色，黄鹂在密叶间穿行，唱出美妙的歌声。当年先主屡次向您求教大计，您辅佐先主开国，扶助后主继业。可惜您却出师征战病死军中，常使古今英雄因感慨而泪湿衣襟。

【表诗情】

全诗短短五十六字，诉尽诸葛亮生平，将名垂千古的诸葛亮展现在读者面前。此诗借游览古迹，表达了诗人对蜀汉丞相诸葛亮雄才大略、辅佐两朝、忠心报国的称颂，以及对他出师未捷而身死的惋惜之情。诗中既有对历史的评说，又有现实的寓托，字里行间寄寓感物思人的情怀。全篇由景到人，由寻找瞻仰到追述回顾，由感叹缅怀到泪流满襟，熔情、景、议于一炉，在历代咏赞诸葛亮的诗篇中，堪称绝唱，具有震撼人心的巨大力量。

【巧借鉴】

叙述事件，营造氛围。

"丞相祠堂何处寻，锦官城外柏森森"，首联两句采用一问一答起句，突出感情的起伏不平。上句"丞相祠堂"直切题意，语意亲切而又饱含崇敬。这里，诗人以近乎口语化的诗句点出了武侯祠堂的地理位置和古柏森森的自然环境，其间一个"寻"字妙笔天成，使得一问一答两相连属，恰如其分地道出了诗人急欲瞻仰武侯祠堂的情不可耐的心绪，这一方面暗示出杜甫与诸葛亮虽不同世却思想相通，另一方面也替后面的赞颂、痛惜之辞预为伏笔，使得全诗和谐统一，首尾相衔。下句"锦官城外柏森森"，指出诗人凭吊的是成都郊外的武侯祠。这里柏树成荫，高大茂密，呈现出一派静谧肃穆的气氛。柏树生命长久，常年不凋，高大挺拔，有象征意义，常被用作祠庙中的观赏树木。作者抓住武侯祠的这一景物，展现出柏树那伟岸、葱郁、苍劲、朴质的形象特征，使人联想到诸葛亮的精神，不禁肃然起敬。

情景相融，寄情于景。

"映阶碧草自春色，隔叶黄鹂空好音"，如果说，首联两句是从总领通篇的角度由全貌着笔做概括叙写的话，那么，颔联两句则进而把"镜头"转向武侯祠周围景物的细节部分。"映阶碧草""隔叶黄鹂"仿佛是两个特写镜头，一在渲染"春色"之怡目，一在强调"好音"之悦耳。然而，诗人用了一个"自"字，一个"空"字，含蓄地表达了他对这些景物的与众不同的特殊感受——盎然春意固然是美好的，可是，武侯祠却是如此寂寥冷清，悄然而无人迹，只有诗人形只影单而来，孤寂伤怀而返。难道说，诸葛亮已经被世人遗忘了吗？不难看出，在颔联两句里，诗人句句写景，却字字含情，诗行中寓静于动，寄情于景，婉转地流露出因国家分裂而悲怆伤怀，以及巫盼早日平叛实现统一的情绪。透过这种爱国思想的折射，诗人眼中的诸葛亮形象就更加光彩照人。

夹叙夹议，刻画人物。

"三顾频烦天下计，两朝开济老臣心"，两句十四个字，先将人们带到战乱不已的三国时代，又在广阔的历史背景下，用议论的方式刻画出一位忠君爱国、济世扶危的贤相形象。在这一历史人物身上，更寄托了诗人对国家命运的许多期盼与憧憬。由议事到论人，诗人浓墨重彩，高度概括了诸葛亮的一生。上句写出山之前，刘备三顾茅庐，诸葛亮隆中对策，指出诸葛亮在当时就能预见魏蜀吴鼎足三分的政治形势，并为刘备制定了一整套统一国家之策，足见其济世雄才。下句写出山之后，诸葛亮辅助刘备开创蜀汉、匡扶刘禅，颂扬他为国呕心沥血的耿耿忠心。怀古为了伤今。此时，作者所处的唐朝的安史之乱尚未平定，国家分崩离析，人民流离失所，使诗人忧心如焚。他渴望能有忠臣贤相匡扶社稷，整顿乾坤，恢复国家的和平统一。正是这种忧国思想凝聚成诗人对诸葛亮的敬慕之情。

夹叙夹议，升华情感。

"出师未捷身先死，长使英雄泪满襟"，尾联两句是全诗的点睛之笔，诗人从历史追忆中缅怀先贤，而诸葛亮赍志以殁的悲剧性结局无疑又是一曲生命的赞歌，他以行动实践了"鞠躬尽瘁，死而后已"的誓言，产生使人奋发兴起的力量。表达了诗人对蜀汉丞相诸葛亮雄才大略、辅佐两朝、忠心报国的称颂以及对他出师未捷而身先死的惋惜之情。既有尊蜀正统的观念，又有才困时艰的感慨，字里行间寄寓感物思人的情怀。

诸葛亮壮志未酬而身先亡，诗人饱经丧乱而屡失意，经历虽各有不同，可是就未能实现自己的抱负这一点来说，他们个人的命运是颇有相似之处的。正因为如此，诗人落笔沉挚，力透纸背，写得苍凉悲壮，催人下泪。

小朋友，"夹叙夹议"中的"叙"，实际上就是事例的叙述。它不同于写人记事的记叙文中的"叙"，记叙文中的"叙"要求完整地记述事件发展的过程和人物活动，须要把事情发生的时间、地点、人物、事件（起因、经过、结果）等写清楚。"夹叙夹议"的叙述是为议论服务的，它要和议论有机地结合在一起，表达作者的思想和观点，一般具有概括性和简明扼要的特点，把事件的过程写清楚即可；而"夹叙夹议"中的"议"是语段的核心、灵魂，是事例叙述的意义之所在，是作者表达的一种认识。这种认识要富于哲理，还要富有激情。一般说来，议的文字不宜太长，用语应精练。最后需要指出的是，议论要看准当口，选择时机，掌握火候，做到恰到好处。另外，采用夹叙夹议的方法写作要注意叙事的连贯性，议论插入要自然。

【妙句呈现】

那是1998年洪水泛滥的一天，肆意的洪水翻滚着、怒吼着，冲向无尽的田野。就在发疯般的洪水中，一位女子紧抱着一棵摇摇欲坠的小树，她就快要被洪水带走了。就在这时，一位身穿军装的小伙子游过来了，他是那么年轻，年轻得让人为正当青春的生命喝彩。他洋溢着朝气，让人不禁想到正值中午的太阳。他微笑着递过救生衣，铿锵有力地说："穿上吧！""可是你呢，你也需要它！"女子含泪喊道。"我是游泳冠军，我不怕水！"说完，他松开手，被裹进了洪水中，从此再也没有回来……

面对生与死的抉择，面对自己与他人的存亡，他从容地做出了心灵的选择。从此，他的笑容，他的声音，他的生命永远地融入了滚滚的洪水中，再也无法重复。殊不知他的笑容永映水中，他的声音永响世人的耳边，他的生命永续在人们的心中……他的选择，惊心动魄，催人奋进，我仰慕这从容的心灵选择！

【妙句赏析】

　　这个语段中的"叙"，是常见的一般性叙述，带有很强的叙事性，它叙述了一位年轻的解放军战士在洪水中舍己救人的感人故事，小作者在叙述之后生发议论。议论部分即事明理，通过对叙述的人与事加以分析，深刻地揭示了事例所蕴含的意义，颂扬了人物将生死置之度外的高贵品质，使读者深受感动与启发，着重表达了作者的感想和领悟。

好词大搜索

描写人物品质的词语：

平易近人	宽宏大度	冰清玉洁	持之以恒	锲而不舍	废寝忘食
大义凛然	临危不惧	光明磊落	不屈不挠	鞠躬尽瘁	死而后已

描写人物智慧的词语：

料事如神	足智多谋	融会贯通	学贯中西	博古通今	才华横溢
出类拔萃	博大精深	集思广益	举一反三	精明强干	运筹帷幄

描写人物仪态、风貌的词语：

憨态可掬	文质彬彬	风度翩翩	相貌堂堂	落落大方	斗志昂扬
意气风发	威风凛凛	容光焕发	神采奕奕	亭亭玉立	从容不迫

描写人物口才的词语：

能说会道	巧舌如簧	能言善辩	滔滔不绝	伶牙俐齿	出口成章
语惊四座	娓娓而谈	妙语连珠	口若悬河	对答如流	大辩不言

金牌例文榜

我们学校的名人

蒋逸凡

　　敦厚的面容，壮实的身躯，一双粗糙有力的大手，身着一套朴素的中山装，他，就是我们学校的门卫——陈老伯。他虽说是门卫，但身兼多职，可谓"文武"全才。一提起他呀，大伙准会跷起大拇指啧啧称赞。

　　当你跨进我们校园，一定会情不自禁地赞叹："这多像一个花园呀！"你瞧，校园四季鲜花常开不败，那飘飘欲飞的蝴蝶花，那似火的串串红，那婀娜多姿的菊花，那傲霜斗雪的蜡梅……多得叫人说不出名儿，美得让人陶醉，清香沁人心脾。是呀，育土、培土、浇水、施肥，搬上挑下，盆盆鲜花都凝聚着陈老伯辛勤的汗水。

　　陈老伯不仅是个花匠，也是一位称职的电工。那是一个夏天的午后，天气闷热，空气似乎要凝固了。我们正专心致志地听老师讲课。突然，"啪"的一声响，那飞转的电扇缓缓地停止了转动。教室里立刻热得像蒸笼一样，同学们不停地扇动着课本，个个大汗淋淋的，正当大家愁眉苦脸地对着戛然而止的电扇唉声叹气时，陈老伯背着工具袋，扛着木梯出现在教室门口。大家

　　开篇点题，交代陈老伯的相貌与职业，一提起他，小作者充满自豪。

　　运用比喻、排比的写作手法深情歌颂陈老伯的辛勤付出，抒发了同学们对他的爱戴与崇敬之情。

　　承上启下，过渡自然

像遇到了救星似的，紧皱的眉头舒展开了。不一会儿，电扇又"呼呼"地转动起来，那凉丝丝的风吹走了热气，也吹散了同学们脸上的愁云。当他满头大汗再次经过门口时，同学们都用感激的目光望着他，他也乐滋滋地走了。

陈老伯不仅为我们修电扇，还常常为我们解决各种困难。上学期开学初，由于新生的到来，班上的桌椅数量不够，我们马上跑去找陈老伯。老伯闻讯后，立即放下手中的活儿，一头扎进了储藏室，在沾满蜘蛛网的墙角，他找到了几个缺胳膊断腿的"伤兵残将"，然后转过头对我们说："明天我会把桌椅送到你们班。"我心想：这么破的桌椅能修好吗？

放学了，我路过储藏室，看见老伯正拿着锤子"叮叮当当"地忙着，神情是那么专注……第二天一大早，我急急忙忙地跑到教室，一进门，看到的便是几张崭新的桌椅。

陈老伯，一个普通的劳动者，却令我内心久久无法平静，那是一份对他发自心底的敬佩。他虽然拥有一分平凡的工作，却为了追求人生价值做好分内的每一件事。我敬佩他这种高贵的品格。更多的是一份感动，他能够在应对困难和职责时勇于担当，用行动赢得我们的喝彩。

这就是我们学校的陈老伯，一个"文武"全才、值得我们尊敬的老伯。

以两个具体事件为佐证，有力地体现出陈老伯不怕苦、不怕累，一切为了学校和学生的无私情怀。

结尾边叙边议，述评结合。叙，让人了解陈老伯高尚的品格；评，让人钦佩他吃苦耐劳的精神。

【导师点评】

　　选材典型。从众相中选择一位典型人物，以少胜多。

　　采用多种表达方式，表现真实情感。在文章中，作者采用记叙、描写、抒情等多种表达方式，成功地塑造了陈老伯的形象，看似没有精心布局，却铺垫合理，过渡自然，显示出作者娴熟的驾驭篇章能力。小作者对陈老伯的情感丰富而真实，字里行间透露出浓郁的生活气息，语言虽然并不华丽，但却极为准确生动，将一位对工作极其负责任的老伯形象跃然纸上。

大院里的名人

马浩然

　　记得小时候，我的家在一个大院里。院子里的邻居就如一家人一样，但我印象最深的还是周爷爷、陈爷爷这两个老邻居。

　　周爷爷是看门人，听别人说他年轻时参过军。他那魁梧的身材，青筋暴露的双手，常常让我想起电影中那些扛枪投弹的战士。可是，日子一久，只看见周爷爷天天打酒，喝酒，喝酒之后就与人吹牛、斗嘴。有人故意逗周爷爷，说他没有当过兵，是扛锄把子出身的。一听这话，他便涨红了脸，伸直了脖子，唾液四溅地说："哼，我扛枪的时候，你们还在娘胎里呢！"逗得大家大笑一通。他越发来劲："我祖上，太平军！"但这只会引发大家更大的哄笑声。周爷爷在我心目中的英雄形象渐渐不那么高大了。

開门见山，引出所写之人。小作者选择描写身边两位普通人，他们含而不露，内蕴甚深。

"涨红了脸""伸直了脖子""唾液四溅"这些词语，无形中为文章增添了不少情趣。让周爷爷普通人的形象更加突出。

可是有一次发生的事情让我觉得周爷爷真的是一个大英雄。

那天放学，我走一条近路回家。这是条很偏僻的小巷子，平时只有零零散散的几辆车经过。走着走着，我忽然听见一个声音："小弟弟，你放学啦？"我抬头一看，一位陌生的中年男子出现在我的面前。"嗯，放学了。"我随口回了一句。"我是你爸爸的同事，你不认识我了吗？"陌生人笑眯眯地对我说。我抬头看了看他，心里在回忆那些我见过的爸爸的同事，"我这有几粒好吃的糖给你吃。"说完他拉住我的手，拿出几粒糖给我。

我心里想，这个人我没见过呀，他是认错人还是……我灵机一动问道："你也是开卡车的吗？我爸爸今天开车去哪了？""对！对！你爸爸开车出去了，叫我来接你。"说完陌生人剥了一粒糖使劲往我手里塞。"是坏人，我爸爸根本不是一名司机。"我心里一下子紧张起来，怎么办？平时在电视中和报纸杂志上看到过不少坏人骗小孩的案件，今天被我遇见了，怎么办？他手里的糖肯定有问题，我决不能吃。

我挣扎起来："你是谁？我不认识你，快放开我！"那人目露凶光，一把扯住我往旁边停着的一辆面包车里拉。"救命啊！快来人啊！"我大叫起来。

小作者细致地描写了与陌生中年男人之间的对话，由此可见小作者善于观察和捕捉人的神情动作，使所写人物个性鲜明。

"住手！"突然一个炸雷般的声音凌空响起，我和中年人都吓了一个哆嗦。我定睛一看，居然是周爷爷，他像一个大救星一样从天而降。"周爷爷！"我惊喜过望，挣脱开那个中年男人跑到周爷爷的身边，寻求他的保护。

中年男人面目狰狞地说："老头儿，没你的事，滚远点！"

周爷爷一脸不屑地说："小子，老子当年打天下的时候，你还不知道在哪儿和泥儿玩呢！"

中年男人气急败坏地朝周爷爷冲过去，周爷爷轻轻一闪，顺势给了他一个干净利落的扫堂腿，中年男人就像一截干朽的木头一样咣地倒在地上，摔得他连声怪叫。

"敢和我叫阵，你也不打听打听我是谁？我祖上，太平军！"周爷爷稳稳地站在原地，一脸正气地又搬出了那句话。以前我认为他是在吹牛，但那一刻我确确实实地相信了。周爷爷的祖上是何许人也我并不知道，只是从他说话的口气中猜到，一定是个很了不起的人。

我趁机拨打了110，几分钟后，警察赶来把中年男人带走了。

因为这件事，周爷爷成了大院里的名人。爸爸妈妈好几次要感谢他请他吃饭，但都被他谢绝了。"谢什么谢？屁大点的事儿，去吧，好好读书。"

此段描写将一位历经生活磨难却又不失大丈夫本色的老人家写得极具英雄气概。

然后"啪"的一声拍一下我的屁股，那威风凛凛的样子，我至今还记忆犹新。

陈爷爷和周爷爷相比，正好相反，滴酒不沾，却嗜烟如命。因为他是修车工，人们总是先敬上一支烟，才好开口请他帮忙修车，因此他的耳朵上总是夹着支烟。

他是一个非常热情的老人，与人碰面都主动打招呼："你好！"渐渐地，人们对他的热情也就习以为常了，要么他主动向别人问好，要么别人主动向他问好。"你好！"那似乎消失多时的两个字又频频出现了，人们之间不正是缺少这种温情吗？

陈爷爷特别喜欢和孩子们在一起，又总喜欢给孩子们讲故事。"从前……"总是他的开场白。从他那儿，我听到了不少故事，"狼来了""三打白骨精"至今我都能背下来。院里孩子们放学后的固定节目，便是去听陈爷爷讲故事。

有一天，陈爷爷讲故事时掏出一支烟，讲一会儿，嗅一阵，可是不抽。后来听别人说，他怕抽烟影响孩子健康，就狠下心忍住烟瘾，不在孩子面前抽烟。再后来他就生病了，住了院，退休了。从那以后，我就再也没听他讲过故事了。

儿时的岁月逝去了，在人生的旅途上，我已成长为一个小小少年，大院里的一些老人也已不

小作者运用夹叙夹议的写作手法，以充满温情的语言直接点评陈爷爷的形象。提纲挈领，并为后文叙事做好铺垫。

从在孩子面前不抽烟这一细节表现了陈爷爷的善良和对孩子们的关爱。

经常见到了。可是我还清楚地记得周爷爷和陈爷爷的一言一行。有个画面时常在我脑中浮现：冬日的阳光下，有两位老人，他们谈笑风生，身边有个小男孩，他好奇地看着，听着……

结尾处作者准确地将一个个饱含爱的生活场景浓缩到一段文字里，显得紧凑而真实。

【导师点评】

　　全文布局合理，使用多种表达方式。小作者灵活运用叙述、议论等多种表达方式，恰到好处地突出了文章的主题。描写周爷爷和陈爷爷能抓住人物的主要特征，以感受写开头和结尾，使文章前后照应，首尾连贯，同时又使文章主题回环复沓，感染力极强。

　　人物描写精彩生动、细腻详尽。作者采用"镜头式"的写法，用数个镜头，分别选取几个生活中的片段，写出了两位爷爷的形象特点。通过人物的语言、动作、神态等描写，反映了他们的性格特点，起到了侧面烘托的作用。

你知道身边有哪些值得尊敬的人，你了解他们吗？如果了解不多可以做些调查访问，请运用夹叙夹议的方法写一篇习作。题目自拟，字数在600个以内。

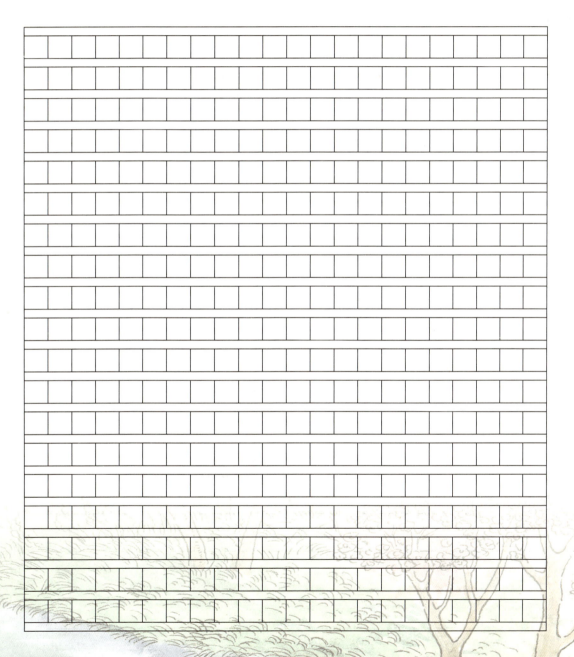

教师评语：_____

_____。

家长评语：_____

_____。

花季你我

➤ 在了解古诗大意的基础上，想象古诗的意境，
感悟诗人在诗中表达的思想感情。

➤ 学习细节描写的写作手法。

我爱古诗文

老师的话

　　小朋友，我们身边有许多小伙伴，他们每个人都有自己独特的一面，一颦一笑、一言一行都可以显示其性格特点，但是如何才能将他们的外貌特征、行为举止、心理活动细致地描写出来呢？细节描写，就是对人或事物，以及生活场景的主要特征进行精雕细刻，使之有形、有色、有态、有味、有质、有声，还有鲜明的感情色彩。细节描写是刻画人物性格，揭示人物内心世界，表现人物细微复杂感情，点化人物关系，暗示人物身份、处境等重要的方法之一。一篇文章，恰到好处地运用细节描写，能起到烘托环境气氛和揭示主题思想的作用。

　　我们通过唐朝诗人王维的《待储光羲不至》和《少年行四首（其三）》两首诗，学习细节描写的写作手法，从而细致入微地再现人或事物的特征，使人或事物的形象更加生动逼真。

佳篇点击

待储光羲①不至

[唐] 王维

重门②朝已启，起坐听车声。

要欲③闻清佩④，方将⑤出户迎。

晚钟鸣上苑⑥，疏雨过春城。

了自⑦不相顾⑧，临堂空复情⑨。

【词释义】

①储光羲：王维友人，唐玄宗开元年间进士，与王维同为唐代田园山水诗派代表诗人。

②重门：指层层设门。

③要欲：好像。

④清佩：佩玉清脆的声响。佩，玉佩，古人系在襟带上的饰物，行动时发出有节奏
　的响声。

⑤方将：将要，正要。

⑥上苑：皇家的园林，皇帝的宫苑。

⑦了自：已经明了。

⑧相顾：相视，互看。这里意为相访。

⑨空复情：自作多情。

【知诗人】

　　王维（约701-761）　唐代诗人、画家。字摩诘，先世为太原祁（今山西祁县）人，其父迁居于蒲州（今山西永济）。开元进士，累官至给事中。后官至尚书右丞，故亦称王右丞。中年后居蓝田辋川，过着亦官亦隐的优游生活。诗与孟浩然齐名，世称"王孟"。前期写过一些以边塞为题材的诗篇。但其作品最主要的则为山水诗，通过田园山水的描绘，宣扬隐士生活和佛教禅理；体物精细，状写传神，具有独特成就。兼通音乐，工书画。有《王右丞集》。

【悟诗意】

　　清早，我就打开层层的屋门，坐立不安地盼着友人，竖耳倾听有没有车子到来的声音；以为听到了友人身上玉佩的清脆响声，正要出门去迎接，哪知原来自己弄错了；晚钟响在皇家的园林里，细雨从春城的上空轻轻拂过；已经明白他顾不上过来，是自己太过急切想要见到他。

【表诗情】

　　此诗写出了诗人很渴望和友人见面的心情。

　　"重门朝已启，起坐听车声"，首联写重重门户从清早就打开，这样还不够，诗人还要支起耳朵想听听载着友人到来的马车发出的声音，这一情节表达了诗人与友人的情谊之深。

"要欲闻清佩，方将出户迎"，颔联写等听到友人身上的玉佩因步行而发出清脆的撞击声时，才是出户迎接的绝好时机。写的是诗人的渴望，和渴望中些许的焦急。这首诗的深层意思在前四句，即肯定储光羲那值得人敬爱的为人，所以才写作者期待之殷切。

"晚钟鸣上苑，疏雨过春城"，颈联侧重于听觉，晚钟鸣响，雨过春城，"过"，是写雨的一种运动的状态。此联的"晚钟"是和首联的"朝已启"相照应的，而"过"字表达的也许是因春雨已过对友人还不来的一种埋怨之情。通常在候人不至之时，为了避免焦虑，等候者会自然地把注意力转移到别处，即便是最枯燥的风景，也看得津津有味。颈联表达出了等待者久候人不至的心情。时间已经不早，晚钟已经响起，诗人已经等待了一天，但是友人未至，而且又下起小雨。可以想象自然的光线已逐渐暗下去，雨在若有若无地降落，在这种阴郁、潮湿、幽暗而又寂静的环境和氛围中，诗人的愁绪在以喷泉的速度生长。

"了自不相顾，临堂空复情"，尾联十字，一声长叹，写出已明知友人不来，而期待之情仍萦绕于怀，经久不去。

【收藏夹】

诗人注重对事物的局部刻画，并对之进行了精雕细刻、浓墨重彩的描写。本诗紧扣题目中的"待"字，描写了诗人等待客人到来的种种情景：清早启门待客来，但坐立不安，时坐时起（先写动作，盼望友人的车声）；接着又描写听觉上的幻境和心情，想象一听到声音就准备出门迎接；然后又通过景物描写（晚钟鸣上苑，疏雨过春城），从写心情转移到写景，表示最后的期盼；从早到晚，友人还是没有来，而是自己多情（空复情），最后一声长叹，久候友人不至的遗憾之情萦绕于心。全诗笔法细腻，诗人运用工笔细描，通过一系列的细节描写（动作、神态、心理、景物），形象地写出了盼望好友到来的急切心情以及好友未至的怅惘心情。

读诗学写作

 诗文扫一扫

少年行①四首 （其三）

［唐］王维

一身能擘②两雕弧③，

虏骑千重④只似无。

偏坐金鞍⑤调白羽⑥，

纷纷射杀五单于⑦。

【词释义】

①少年行：是我国古代一个诗词题目，许多诗人如李白、王维、王昌龄、杜甫、杜牧等都曾写过，著名的有王维的《少年行四首》。"少年行"又是一种游戏及乐曲的名称。

②擘：张，分开。

③雕弧：有雕饰彩绘的弓。

④重：一作"群"。

⑤金鞍：镶着金属装饰的马鞍。

⑥白羽：指箭，尾部饰有白色羽翎。

⑦五单于：原指汉宣帝时匈奴内乱争立的五个首领。汉宣帝时，匈奴内乱，自相残杀，诸王自立分而为五。这里比喻骚扰边境的少数民族诸王。

【悟诗意】

一位少年能同时使用两张弓，做到左右开弓。外族入侵的骑兵一层层地围过来，他却只当没有这回事一样。这位少年侧着身子坐在马鞍上，把弓箭调配好，箭射出去，敌方的许多头目纷纷落马。

【表诗情】

全诗借助四幅有内在联系的画面，分别从少年的"技""胆""姿""绩"四个方面，成功地塑造了一个武艺超群、刚猛顽强、勇于杀敌、战功显赫、威风凛凛、驰骋沙场的少年英雄形象。全诗构思巧妙，令人赞叹不已。显然，在这少年英雄的身上寄寓了诗人早年的理想、豪情。

【巧借鉴】

射箭技术的细节描写：状其射技超群。

"一身能擘两雕弧"，以特写镜头写出少年英武矫健的身姿，诗人摄取了少年的一个造型：他力大无比，技高绝伦，可以左右两手同时掰开两张硬弓。如此技能自然令人刮目相看。"擘两雕弧"言其多力善射，写少年的勇武杀敌，意在突出他的勇冠三军、战功卓著。

借助诗人的描写，我们可以感觉到这是一个活生生、有血有肉的少年，既有胆识又有担当。即使是事隔千年的历史，透过尘封的诗句，在天昏地暗的沙场上，我们依然能够清晰地看到他的身影。

英雄气概的细节描写：状其临阵胆气。

"虏骑千重只似无"，诗人将主人公置于孤危险恶的战争情势之中，把少年写成孤胆英雄，"虏骑千重"指敌人大军压境，形成包围之势，用敌人的行为来反衬少年的艺高胆大。敌我双方的力量愈是悬殊，也就愈能表现主人公无所畏惧的英雄气概，而这种气概，又正来自其置生死于度外的献身精神。

众敌酋倾巢出动，来势汹汹，企图以优势兵力取胜，而少年英雄豪气冲天，闯将过去，以"一身"对"千重"之敌，竟能左右驰突于敌阵之中，如入无人之境，此句与上句内容互为因果。

战斗风姿的细节描写：摹其雄姿英发。

"偏坐金鞍调白羽"，诗人写出少年英武矫健的身姿：以"金鞍"为映衬，镜头对准"偏坐"这一姿势，"偏坐金鞍"言其鞍马功夫娴熟，能在疾驰的马背上自如地变换各种姿势；以"调白羽"（箭在弦上）这一镜头表明他善于在运动中瞄准目标，箭无虚发。诗中出现的雕弧、金鞍和白羽，由物及人，与人物形象互相辉映、相得益彰。

赫赫战果的细节描写：绘其过人胆略。

"纷纷射杀五单于"，少年擒贼先擒王，将凶蛮剽悍的敌酋"纷纷射杀"，借五单于被射下马鞍的画面，再现少年英雄所向无敌，杀得匈奴溃不成军的辉煌战绩。

习作实践园

  老师教一教

　　小朋友，运用细节描写要注意抓住事物的特征，细节要真实、新颖、独特、有生命力；要尽量典型，富有表现力；要为表现人物性格、发展故事情节，以及直接、间接揭示作品意义或主题思想服务，这样才能起到以小见大的作用。典型环境、典型性格，必须建立在细节真实的基础上。细节描写要求有的放矢，突出特征，同时描写时必须紧紧围绕文章的主题，明确目的。在进行细节描写时要注意以下两点：

　　☺ 多角度描绘，增强立体感。

【妙句呈现】

　　只见一群媳妇丫鬟围拥着一个人，从后房门进来。这个人打扮与众姑娘不同，彩绣辉煌，恍若神妃仙子：头上戴着金丝八宝攒珠髻，绾着朝阳五凤挂珠钗；项下戴着赤金盘螭璎珞圈；裙边系着豆绿宫绦双鱼比目玫瑰佩；身上穿着缕金百蝶穿花大红洋缎窄裉袄，外罩五彩刻丝石青银鼠褂，下罩翡翠撒花洋绉裙。一双丹凤三角眼，两弯柳叶吊梢眉。身量苗条，体格风骚，粉面含春威不露，丹唇未启笑先闻。

　　　　　　　　　　　　　　　　　　——选自曹雪芹《红楼梦》

【妙句赏析】

　　《红楼梦》是中国古代章回体长篇小说，又名《石头记》等，被列为中国古典四大名著之首。小说以贾、史、王、薛四大家族的兴衰为背景，以贵族青年贾宝玉、林黛玉、薛玉钗之间的恋爱和婚姻悲剧为主线。但是，小说的社会意义在于它并没有孤立地描写这个爱情悲剧，而是以此为中心，写出了当时具有代表性的封建大家族存亡的过程，从而折射出社会的变化。

以上这段文字描写可谓细腻。作者从头饰、裙饰和服装三个方面进行细致描写，极力铺陈王熙凤珠宝满身的打扮，暗示她的贪婪与俗气，也从侧面反映了她内心的空虚。

☺善于联想，表达独特感受。

【妙句呈现】

出门时裤子上罩的裙子，其规律化更为彻底。通常都是黑色，逢着喜庆年节，太太穿红的，姨太太穿粉红。寡妇系黑裙，可是丈夫过世多年之后，如有公婆在堂，她可以穿湖色或雪青。裙上的细褶是女人的仪态最严格的试验。家教好的姑娘，莲步姗姗，百褶裙虽不至于纹丝不动，也只限于最轻微的摇颤。不惯穿裙的小家碧玉走起路来便予人以惊风骇浪的印象。更为苛刻的是新娘的红裙，裙腰垂下一条条半寸来宽的飘带，带端系着铃。行动时只许有一点隐约的叮当，像远山上宝塔上的风铃。晚至一九二〇年左右，比较潇洒自由的宽褶裙入时了，这一类的裙子方才完全废除。

——选自张爱玲《更衣记》

【妙句赏析】

《更衣记》是我国现代女作家张爱玲的著名散文，她以炉火纯青的独特语言，言简意赅地描述了二十世纪上半叶的中国时装流变，寄以深切的人性感慨和对时尚的绝妙讥讽。

作者在这段文字中做了巧妙的联想，尤其注重了细节的描写，由隐约的铃铛声想象到远山上宝塔上的风铃，真是惟妙惟肖，呼之欲出。

金牌例文榜

善解人意的她

柳星谊

学校举办校园文化节，要求各班准备几个节目参加会演。作为文娱委员的我，正在为没人报名发愁。

一天下午，刚放学，我正在收拾书包准备回家。"星谊！"一个热情的声音在我耳边响起，"我可以参加文艺节目排练吗？"我扭头望去，看见楚曦曦大大方方地站在我面前。

楚曦曦是我们学校最漂亮的女孩儿，脸蛋粉嘟嘟，眉眼清亮亮。一笑起来，嘴瓣儿像恬静的弯月，说起话来，声音像黄莺打鸣。怎么看都像一个可爱的布娃娃。但她最美的还是那双如羽扇覆盖着的葡萄似的大眼睛，看着你的时候，忽闪一下，你就觉得她在对你窃窃私语。

望着她那秀丽的脸盘儿，苗条的身材，我赶忙点点头："行啊，我正愁没人呢。你这样的身材，跳舞最合适了。"她高兴地拉住我的胳膊直摇。我很高兴，终于有人主动报名参加了。我想，她既然这么主动积极，跳舞肯定会不错的。

但是，事实与我猜想的却有些不一样。等到所有的动作定下来并连贯起来后，大家发现楚曦曦

画人画眼。对楚曦曦的描写，先写脸、眉、嘴，显示其不俗的神态谈吐。而后突出重点部位——眼睛，可谓形神兼备。

的舞跳得并不理想，手和脚总不能很好地协调起来。这时，正巧人多了一个。要去掉的肯定是跳得不太好的。可这叫我怎么开口对楚曦曦讲呢？这也许对她是一个挺大的打击。

楚曦曦是个自尊心很强的人，那张小嘴巴蕴藏着丰富的表情：高兴时，撅撅嘴，扮个鬼脸；生气时，撅起的小嘴能挂住一把小油壶。从这张嘴巴说出的话，有时能让人气得火冒三丈，有时却让人忍俊不禁。我不敢也不愿对她说，因为我同样受不了别人对我自尊心的伤害。

但是，为了大家，为了班集体，我不得不硬着头皮和几个同学一起向她挑明了这件事。果然，她的脸色立刻阴沉了，可以清楚地看见她两边脸颊连同后面修长白皙的脖颈整个都红了。开始，她还只是低头不语，默默地收拾着自己的东西，到后来竟伤心地哭了。

在场的几位同学都在不停地劝她："楚曦曦，别难过了，下个月的英语口语竞赛，我们选你参加。"不料，这一说，她哭得更伤心了。只见她一把抓起书包，冲出教室，冲向校门。那远远传来的哭声，揪着我的心，我难过极了。

第二天，我来到学校，心中仍然感到对楚曦曦深深的内疚。心想这星期她不会理我了。可出乎我的意料，在下午的课外活动课上，我们排练节目时，她又来了，还拿着一条"六（2）班必胜"

情变嘴动，对嘴巴进行各种姿态的刻画，体现楚曦曦自尊心强的性格特征。

抓住描写对象的脸色由白变红的细微变化，表现人物在得知被淘汰出局时的心理变化。

借助条幅写人物的团队意识和放弃个人恩怨的美好品德，

的彩色条幅呢！

在大家的共同努力下，我们班的舞蹈"采蘑菇的小姑娘"获得了一等奖。我非常高兴，既为班级取得了好成绩而高兴，也为楚曦曦同学的热心、真诚而感动；我为班上有她这样的同学高兴，更为我们同学之间诚挚而可贵的友谊而感到自豪。

突出她的集体荣誉感。

总结全文，升华主题，不仅赞美人物的善良真诚，更歌颂了同学之间美好的友谊。

【导师点评】

抓住主要特征，塑造人物性格。题目重在写"善解人意"，但一次文艺会演事件却呈现出楚曦曦多方面性格特征。人物在这一件事中尽情地展示自我，具有立体感。

运用侧面衬托刻画主要人物的形象。"成也萧何，败也萧何"，"我"是本文的关键人物。事因"我"而起，人物因"我"而进局、出局。"我"虽说是次要人物，但无"我"不足以呈现楚曦曦的美丽大方、热情积极、自尊敏感等性格特征。

"不一般"的他

崔靖珊

在我们班里，有位"不一般"的"神童"。

你看运动场上飞奔的他那粗壮的手臂，突起的肌肉，使他显得格外不一般。他是跑步健将，几千米不在话下。他是跳远高手，一跳，能跃四米多。他还是投掷铅球的大力士，九米、十米也就用了五成力气……说他英俊吧，那也不得不承认，一头直直地竖起的刚硬的短发，浓眉大眼、高挺的鼻梁都被嵌在了一个俊俏的脸蛋上，加上令人羡慕的肌肉和"大长腿"，堪称完美"组合"。

自恋高人

在我们班，自恋狂人除了已经自恋"成仙"的小佳佳，也只有他了！

只见他缓缓走进教室，身穿松垮的运动服，半眯着眼，腰挺得很直，那自带酷酷的眼神，就像一位知名男模在走"T台"。他走到讲台下，慢慢停住脚步，随即，一个华丽的转身，精彩地出场了。他将插在裤兜里的双手拔出。伸向头发两边，往后一抹头发，眼睛猛然一睁。那眼神，似乎像一只巨手，将我们的视线吸引过去。然后他摆出一个"婀娜"的造型，似乎在对自己说："我本以为我是全世界最帅的，现在才知道，原来我是全宇宙最帅的！"令人无奈地摇头。

描写人物的五官与身材，借助贴切的修饰词让读者体会到"他"帅气的外表和健壮的体魄。

通过人物的衣着，行走的姿势、眼神，写出"他"的与众不同——"酷"。

小作者想象力丰富，用"他"的造型突出人物的自信甚至自负。

篮球达人

你可别被他的外表迷惑了，到了运动场上，他就是位"硬汉""猛男"。

上体育课，只见他边走边拍着一个篮球，从器材室慢慢走向篮球场。他走到篮球架下，双手将球举过头顶，眼睛如同狙击枪的瞄准镜，对准篮筐，向上一跳，将篮球投出。篮球滑过一道优美的弧线，完美地投进了筐中。周而复始……

有时，他想要挑战自己，抱着篮球来到中场，后退几步，再向前跑几步，猛的一投，篮球砸到篮板又弹了回来。但他没有失望，继续坚持训练，篮球在一次次弹出篮筐后，终于被成功投了进去。

这就是他，颜值高，爱耍酷的运动健将。不一般的他——叶晨奕。

将人物动作加以分解，描述人物投篮时的运动场面，如临现场。

总结全文，呼应题目，对"不一般"的原因进行概述，告诉读者所写人物的真实姓名，为读者解释心中疑惑，使读者对所写人物有更深刻的印象。

【导师点评】

先总后分，结构清晰。分析部分以小标题的方式使文章结构更加清晰。作者从两个事件入手，解读人物的"不一般"，笔墨均等。每个事件都先总后分，叙描结合。

设置悬念，谜底最后揭晓。先介绍有一个不一般的人，而后一直以第三人称介绍人物的事例，增强读者阅读兴趣，直到最后才道出此人名姓。使读者对人物印象更加深刻。

我来显身手

　　请选择一两件事例来介绍你的小伙伴，并写出小伙伴的特点；也可以选择以下这段话作为故事的开头："我和陈明是好朋友。一天，我们把在手工小组做的小木船拿出来玩，陈明一不小心把我的小木船摔坏了，争执中陈明又把它踩坏了。我非常生气，一把夺过他的小木船……"请你根据自己的想象，把事情的经过和结果写清楚、写具体。注意运用细节描写的写作方法。

教师评语：＿＿＿＿＿＿＿＿＿＿＿＿＿＿＿＿＿＿＿＿＿＿＿＿＿＿＿＿＿

＿＿＿＿＿＿＿＿＿＿＿＿＿＿＿＿＿＿＿＿＿＿＿＿＿＿＿＿＿＿。

家长评语：＿＿＿＿＿＿＿＿＿＿＿＿＿＿＿＿＿＿＿＿＿＿＿＿＿＿＿＿＿

＿＿＿＿＿＿＿＿＿＿＿＿＿＿＿＿＿＿＿＿＿＿＿＿＿＿＿＿＿＿。

好词大搜索

描写人物外形的词语：

一表人才	风度翩翩	大腹便便	膀大腰圆	披头散发	虎背熊腰
衣冠楚楚	相貌堂堂	目光炯炯	眉清目秀	亭亭玉立	骨瘦如柴
唇红齿白	浓眉大眼	老态龙钟	白发苍苍	蓬头垢面	贼眉鼠眼

描写人物动作的词语：

身手敏捷	动如脱兔	举目眺望	大步流星	昂首挺胸	手舞足蹈
欢呼雀跃	扶老携幼	促膝谈心	前俯后仰	奔走相告	跋山涉水

描写人物神态的词语：

呆若木鸡	目瞪口呆	神采奕奕	全神贯注	聚精会神	眉飞色舞
挤眉弄眼	眉开眼笑	漫不经心	垂头丧气	没精打采	愁眉苦脸
大惊失色	悠然自得	欣喜若狂	喜出望外	无动于衷	勃然大怒

描写人物口才的词语：

口若悬河	对答如流	滔滔不绝	谈笑风生	豪言壮语	夸夸其谈
花言巧语	妙语连珠	出口成章	能说会道	巧舌如簧	言简意赅

描写人心理活动的词语：

忐忑不安	心惊肉跳	心神不定	心猿意马	心慌意乱	心急如焚
惊慌失措	心花怒放	心乱如麻	魂飞魄散	怒火中烧	心有余悸

记事篇

校园风云

习作指南针

▶ 了解古诗大意，并能用自己的话讲述古诗中描绘的
情景，感悟诗人在诗中表达的思想感情。

▶ 学习先抑后扬的写作方法。

我爱古诗文

老师的话

　　小朋友，在校园里会发生一些有趣的、愉快的、伤心的事情，或让你感到烦恼的事情，你有印象最深刻的事情吗？有的小朋友在写这一类作文时总觉得自己写的事情内容太平淡，没有吸引力。是的，平铺直叙的文章是不能吸引读者的，而运用先抑后扬的写作手法，就能在很大程度上避免这种情况的出现。

　　先抑后扬是指作者想褒扬某件事或某个人物，却不从褒扬处开始写，而是先从相反的贬抑处落笔。先表达对所描写的事物或人的不满之情，然后通过一两件小事，突然转变了看法。就好像山峰要用低谷来衬托一样，前后形成鲜明对比，从而给人留下深刻的印象。先抑后扬的写作方法，能够使文章情节曲折多变，跌宕起伏，形成波澜，让读者在阅读过程中，产生恍然大悟的感觉。

　　我们通过唐代诗人刘禹锡的《酬乐天扬州初逢席上见赠》和李涉的《题鹤林寺僧舍》两首诗，学习运用先抑后扬的写作手法，使文章更精彩、更富感染力。

佳篇点击

酬①乐天②扬州初逢席上见赠③

［唐］刘禹锡

巴山楚水④凄凉地，二十三⑤年弃置身⑥。

怀旧⑦空吟⑧闻笛赋⑨，到⑩乡翻似⑪烂柯人⑫。

沉舟⑬侧畔⑭千帆过，病树前头万木春。

今日听君歌一曲⑮，暂凭杯酒长精神⑯。

【词释义】

①酬：这里是指以诗相答的意思。

②乐天：指白居易，字乐天。

③见赠：送给（我）。

④巴山楚水：泛指作者贬谪之地四川、湖南、湖北一带。

⑤二十三年：从唐顺宗永贞元年（805年）刘禹锡被贬为连州刺史，到写这首诗共二十二个年头。因第二年才能回到京城，所以说二十三年。

⑥弃置身：指遭受贬谪的诗人自己。置，放置。弃置，贬谪（zhé）。

⑦怀旧：怀念故友。

⑧吟：吟唱。

⑨闻笛赋：指西晋向秀所写的《思旧赋》。向秀跟嵇康是好朋友，嵇康因不满司马氏集团而被杀害。后来，向秀经过嵇康故居时，听到有人吹笛，不禁悲从中来，于是作《思旧赋》。

⑩到：到达。

⑪翻似：倒好像。翻，副词，反而。

⑫烂柯人：指晋人王质。相传王质上山砍柴，看见两个童子下棋，就停下观看。等棋局终了，手中的斧把已经朽烂。回到村里，才知道已过了一百年。同代人都已经亡故。诗人以此典故表达自己遭贬二十三年的感慨，也借这个故事表达世事沧桑，人事全非，暮年返乡恍如隔世的心情。

⑬沉舟：这是诗人以沉舟、病树自比。

⑭侧畔：旁边。

⑮歌一曲：指白居易的《醉赠刘二十八使君》。

⑯长（zhǎng）精神：振作精神。长，增长，振作。

【知诗人】

刘禹锡（772-842）　唐代诗人。字梦得，洛阳（今属河南）人。自称是汉中山靖王后裔，贞元进士，登博学宏辞科。曾任监察御史，是王叔文政治改革集团的一员，并因此贬朗州司马，迁连州刺史。后以裴度力荐，任太子宾客，加检校礼部尚书。世称刘宾客。与柳宗元友善，并称"刘柳"。又与白居易唱和，并称"刘白"。其诗通俗清新，善用比兴手法寄托政治内容。《竹枝词》《杨柳枝词》等组诗，富有民歌特色，为唐诗中别开生面之作。有《刘梦得文集》。

【悟诗意】

我在巴山楚水这些凄凉的地方，度过了二十三年沦落的光阴。怀念故友徒然吟诵闻笛小赋，久谪归来感到已非旧时光景。沉船的旁边正有千艘船驶过，病树的前头却也是万木争春。今天听了你为我吟诵的诗篇，暂且借这一杯美酒振奋精神。

【表诗情】

诗人刘禹锡被贬到外地做官，后应召回京。途经扬州，与同样被贬的白居易相遇。同是天涯沦落人，彼此惺惺相惜。白居易在筵席上写了一首诗《醉赠刘二十八使君》相赠："为我引杯添酒饮，与君把箸击盘歌。诗称国手徒为尔，命压人头不奈何。举眼风光长寂寞，满朝官职独蹉跎。亦知合被才名折，二十三年折太多。"在诗中，白居易对刘禹锡被贬谪的遭遇，表示了同情和不平。于是刘禹锡写了这首《酬乐天扬州初逢席上见赠》回赠白居易。

"巴山楚水凄凉地，二十三年弃置身"，首联着重抒写在特定环境中自己的感情。白居易对刘禹锡的遭遇无限感慨，赠诗的最后两句说："亦知合被才名折，二十三年折太多。"一方面感叹刘禹锡的不幸命运，另一方面又称赞了刘禹锡的才气与名望。这两句诗，在同情之中又包含着赞美，显得十分委婉。因为白居易在诗的末尾说到二十三年，所以刘禹锡在诗的开头就接着说："巴山楚水凄凉地，二十三年弃置身。"自己谪居在巴山楚水这荒凉的地区，算来已经二十三年了。一来一往，显出朋友之间推心置腹的亲切关系。

"怀旧空吟闻笛赋，到乡翻似烂柯人"，颔联中，诗人感慨于自己在外二十三年，如今回来，许多老朋友都已去世，只能徒然地吟诵《闻笛赋》表示悼念而已。

"沉舟侧畔千帆过，病树前头万木春"，颈联是全诗感情升华之处，也是传诵千古的警句。沉舟侧畔，有千帆竞发；病树前头，正万木皆春。白居易的赠诗中有"举眼风光长寂寞，满朝官职独蹉跎"这样两句，意思是说同辈的人都升迁了，只有你在荒凉的地方寂寞地虚度了年华，颇为刘禹锡抱不平。诗人反而劝慰白居易不必为自己的寂寞、蹉跎而忧伤，对世事的变迁和仕宦的升沉，表现出豁达的襟怀。因为这两句诗形象生动，至今仍常常被人引用，并赋予它以新的意义，表明新事物必将取代旧事物。

"今日听君歌一曲，暂凭杯酒长精神"，点明了酬答白居易的题意。诗人也没有一味消沉下去，他对生活并未完全丧失信心。寄寓在其中的是新陈代谢的进化思想和辩证地看待自己困境的豁达襟怀，表现出他坚定的信念和乐观精神。

【收藏夹】

此诗运用了先抑后扬的写作手法。诗人先以抑起笔，"凄凉地""弃置身"，用伤感低沉的情调，回顾了自己谪守巴楚、受尽劫难的经历。然后感叹旧友凋零、今昔异貌。"闻笛赋""烂柯人"，借用典故暗示自己被贬时间之长，此番回来恍如隔世，表达了人事全非、世态变迁以及回归以后人事生疏而怅惘的心情。但接着却突然振起，一改前面伤感低沉的情调，用"扬"展示了生机勃勃的景象，诗人把自己比作"沉舟"和"病树"，意思是自己虽屡遭贬低，固然感到惆怅，但新人辈出，却也令人欣慰，所以又相当达观。显示自己对世事变迁和仕宦升沉的豁达襟怀，以及重新投入生活的意愿及坚韧不拔的意志。诗中虽然感慨很深，但因为运用了先抑后扬的写作手法，所以读来给人的感受并不消沉，相反却是振奋。

读诗学写作

 诗文扫一扫

题鹤林寺僧舍

［唐］李涉

终日昏昏醉梦间，
忽闻春尽强①登山。
因②过③竹院④逢僧话，
偷⑤得浮生⑥半日闲。

【词释义】

①强：勉强。
②因：由于。

③过：游览，拜访。

④竹院：即寺院。

⑤偷：此"偷"在有的诗歌版本中作"又"字。

⑥浮生：语出《庄子》"其生若浮"。意为人生漂浮无定，如无根之浮萍，不受自身之力所控，故谓之"浮生"。

【知诗人】

李涉（约806年前后在世） 唐代诗人。自号清溪子，洛阳(今属河南)人。唐宪宗时为太子通事舍人，后贬谪峡州司仓参军。曾为国子博士，世称"李博士"。其诗擅长七绝，语言通俗。

【悟诗意】

长时间以来一直处于混沌醉梦之中，无端地耗费着人生这点有限的时光。有一天，忽然发现春天即将过去了，于是便强打精神登上南山去欣赏春色。在游览寺院的时候，无意中与一位高僧闲聊了很久，难得在这纷扰的世事中暂且得到片刻的清闲。

【表诗情】

诗人李涉在被流放期间，情绪极其消沉。然而，在与鹤林寺高僧的闲聊之中，无意中解开了苦闷的心结，化解了沉溺于世俗之忧烦，悟得了对待人生的观念，明白了只有淡化人生功利、平和情绪心态、面对惨淡现实置若罔闻、处变不惊，才能忘记过去，笑对人生，憧憬未来。于是欣然题诗本篇于寺院墙壁之上，以抒发其内心"偷得浮生半日闲"之感慨。

【巧借鉴】

以抑起笔，抒写诗人消极浑噩的内心情态。

"终日昏昏醉梦间"，第一句是诗人对自己被流放时的内在情绪与外在情态的真实描述。在"醉梦"前面修饰以"终日昏昏"，可见诗人面对流放遭遇所表现出来的极度消沉和一蹶不振。这是采取了先抑后扬的写法，为下文的"扬"做了很好的蓄势和铺垫。

"忽闻春尽强登山"，第二句写诗人在百无聊赖之际，浑浑噩噩之中，忽然发现明媚的春光已经快要离他远去了，于是强打精神走出户外。诗人登上南山，想借欣赏春色以排遣积郁已久的愁苦与不快。这里的"春尽"表达了诗人不甘心就此消沉下去，不能就这样枉费青春，不甘心庸庸碌碌了此一生，因此才在"忽闻春尽"之后振作精神"强登山"。

以扬落笔，揭示诗人的人生感悟。

"因过竹院逢僧话"，"因"有"由于"之意；"竹院"，就是寺院，僧人参禅悟道修行之地。"逢僧话"之"逢"字告诉读者是无意之中碰到的；"话"，即与老和尚谈禅悟道，聊天，吐露心中的苦闷与不快，探讨人生之喜怒哀乐。作为佛家，对待人生的观念自古多为淡化人生功利，平和情绪心态，面对惨淡现实，视若罔闻，处变不惊。不论有多大的烦恼与不快，学会深藏于心底，这样才能忘记过去，笑对人生，憧憬未来。

"偷得浮生半日闲"，此句深具禅意，是全诗的点睛之笔。"浮生半日闲"，是因为"过竹院逢僧话"。它揭示了无趣盲目的人生，半日闲最难得。诗人已经对人生有所觉悟，并找出自己的答案。这首诗就是他心境的写照。通过与老禅师的交谈，诗人化解了沉溺于世俗之忧烦，体验了直面现实及人生的轻松感受，才得以使自己麻木已久的心灵增添了些许的愉快。

 老师教一教

　　小朋友，先抑后扬写作方法的恰当运用，能够让文章达到错综变化、迂回曲折的效果，在作文中如果能够熟练运用，对提高写作能力将大有裨益。运用先抑后扬这一写作方法时，需要注意以下几点：

☺ "抑"和"扬"的对照要鲜明。要注意"抑"和"扬"的内容必须具有对照性，而且大多是采用相反或对立的形式构成对照，这种对照越鲜明越好。

☺ "抑"和"扬"的转变要自然。无论是事情的发展变化，还是人的情感态度的转变，总要有一个过程，且需要恰当的过渡衔接，否则很容易失去真实性。

☺ "抑"和"扬"的掌握要有度。对于"抑""扬"两者，不可等量齐观，而是应该将"扬"作为重点来写，"抑"只要起到反衬、铺垫的作用即可。而度的掌握，只能通过自己的写作实践去细细体会。

【妙句呈现】

　　"杀的杀掉了，死的死掉了，还发什么屁电报呢。"

　　这是一个高大身材，长头发，眼球白多黑少的人，看人总像在渺视。他蹲在席子上，我发言大抵就反对；我早觉得奇怪，注意着他的了，到这时才打听别人：说这话的是谁呢，有那么冷？认识的人告诉我说：他叫范爱农，是徐伯荪的学生。

　　我非常愤怒了，觉得他简直不是人，自己的先生被杀了，连打一个电报还害怕，于是便坚执地主张要发电，同他争起来。结果是主张发电的居多

数，他屈服了。其次要推出人来拟电稿。

"何必推举呢？自然是主张发电的人啰……"他说。

……

从此我总觉得这范爱农离奇，而且很可恶。天下可恶的人，当初以为是满人，这时才知道还在其次；第一倒是范爱农。中国不革命则已，要革命，首先就必须将范爱农除去。

然而这意见后来似乎逐渐淡薄，到底忘却了，我们从此也没有再见面。直到革命的前一年，我在故乡做教员，大概是春末时候罢，忽然在熟人的客座上看见了一个人，互相熟视了不过两三秒钟，我们便同时说：

"哦哦，你是范爱农！"

"哦哦，你是鲁迅！"

不知怎地我们便都笑了起来，是互相的嘲笑和悲哀。他眼睛还是那样，然而奇怪，只这几年，头上却有了白发了，但也许本来就有，我先前没有留心到。他穿着很旧的布马褂，破布鞋，显得很寒素。谈起自己的经历来，他说他后来没有了学费，不能再留学，便回来了。回到故乡之后，又受着轻蔑，排斥，迫害，几乎无地可容。现在是躲在乡下，教着几个小学生糊口。但因为有时觉得很气闷，所以也乘了航船进城来。

他又告诉我现在爱喝酒，于是我们便喝酒。从此他每一进城，必定来访我，非常相熟了。我们醉后常谈些愚不可及的疯话，连母亲偶然听到了也发笑。

……

到冬初，我们的景况更拮据了，然而还喝酒，讲笑话。忽然是武昌起义，接着是绍兴光复。第二天爱农就上城来，戴着农夫常用的毡帽，那笑容是从来没有见过的。

"老迅，我们今天不喝酒了。我要去看看光复的绍兴。我们同去。"

……

——选自鲁迅《范爱农》

【妙句赏析】

《范爱农》是鲁迅于1926年所写的一篇回忆性散文。作者追叙自己在日本留学时和回国后与范爱农接触的几个生活片段，描述了范爱农在辛亥革命前不满黑暗社会、追求革命，辛亥革命后又备受打击迫害的遭遇，表现了作者对旧民主革命的失望和对这位正直倔强的爱国者的同情和悼念。

"从此我总觉得这范爱农离奇，而且很可恶。""第二天爱农就上城来，戴着农夫常用的毡帽，那笑容是从来没有见过的。"第一句用"很"字写出了鲁迅对范爱农的憎恶，但第二句话用"爱农"这个称呼表达了鲁迅与范爱农的友谊之深。文章开头把范爱农写得令作者讨厌，为后文作者写对他的友善打埋伏。这是一种先抑后扬的写法，写出了鲁迅先生与范爱农的友谊渐深的过程，也更加鲜活地描述出范爱农的性格特点。

好词大搜索

形容做事马虎的词语：

敷衍了事	草率从事	虚与委蛇	马马虎虎	聊以塞责	丢三落四
得过且过	粗心大意	毛手毛脚	心浮气躁	粗枝大叶	浅尝辄止
敷衍搪塞	滥竽充数	囫囵吞枣	一知半解	走马观花	不求甚解

形容做事仔细认真的词语：

精益求精	精打细算	精雕细琢	事必躬亲	小心翼翼	郑重其事
小心谨慎	字斟句酌	兢兢业业	一丝不苟	专心致志	孜孜不倦
夜以继日	废寝忘食	聚精会神	只争朝夕	凿壁偷光	倾耳注目
一心一意	屏气凝神	全神贯注	持之以恒	坚持不懈	水滴石穿

金牌例文榜

冬季也美丽

曲楠楠

那年寒冷的冬季，应该是上苍赐予我的一个特殊冬季。

爸爸辞去公职下了海，成为一名生意人。他不辞辛劳整天奔波在家与工厂之间，每天晚上我睡觉了，妈妈还坐在客厅等爸爸。好不容易工厂有了些起色，哪料到工厂失了火，家中的积蓄、爸爸的心血被付之一炬。

从那之后，我看到的只有妈妈偷偷抹去的眼泪，爸爸的唉声叹气和几位借钱给我家办厂的亲戚欲言又止的模样。多少次，我心中打着草稿想对爸爸说些安慰的话，可那些言语却像沙砾一样卡在喉咙中，吐也吐不出来。

我愈加沉默了。那段日子，我每天上学根本无心学习，上课的时候听不进老师讲课的内容，不是望着黑板发呆，就是杂乱无章地想一些事：为什么这种灾祸要降临在我家？爸爸的辛苦付出却落到如此下场，值得吗？就这样混混沌沌过了好久，直到班主任杨老师发现了我的变化。

有一天，杨老师让我去她的办公室，先是询问了我近期的学习情况，然后抚摸着我的头发说：

文章开头用"冬季"点题，这里的"冬季"有象征意义："我"的处境困苦、"我"的心情凄冷。

交代家庭变故，进一步渲染这种笼罩在家庭上空的"冷气压"。

心理活动暗示"我"的压抑与困惑，老师的介入使文章情节有起伏，为下文"我"走出内心的郁闷做好铺垫。

"楠楠，你怎么了？是不是有什么不开心的事情？"
我摇摇头，不吱声。杨老师注视着我，轻声地问道：
"孩子，如果不快乐，老师是你最好的倾听者。"
我再也忍不住，边哭边把家里发生的事一股脑告
诉了她，最后说："老师，我不想看到妈妈和爸
爸伤心，他们不快乐我也不快乐，为什么工厂会
被烧？为什么我们家这么倒霉？"

　　杨老师愣住了，好半天她才说话，但声音却
充满鼓励："孩子，别哭，你们没有一无所有啊！
至少你们还健康，至少你们还有希望重来啊！"
听着杨老师不厌其烦温柔的话语，我的心情渐渐
平复。

　　从那以后，我发现同学们对我的关怀也多了
起来，数学题不会了，有同学主动为我讲解；课
本忘记带了，有同学热心肠地借我；看我整天闷
闷不乐，有同学讲笑话逗我开心。我知道这都是
杨老师叮嘱他们做的，多好的老师和同学啊，我
发现我比从前更加热爱这个班集体了。在老师和
同学的抚慰下，我心中那块冰渐渐融化，直至消失。

　　杨老师说得对，人的一生那么长，总不能全
部是春天吧！感谢上苍赋予我这个冬天，纵使有
刺骨的寒冷，也要坚强。就算是冬天，我也要给
它新的含义——让我学会坚强，明白了只要希望
还在，便可重来。

　　我的季节纵使是寒冬，我也会让它美丽！

老师成了"我"倾诉之人，"我"的情绪在流泪讲述中得到宣泄。

具体描写了同学们对"我"的关爱、理解、支持，这成为"我"走出"冬季"的动力。

"我"赞美寒冬，感谢磨难使"我"成长为自信、坚强的人。

与首段形成呼应对比，结构严谨完整。

【导师点评】

　　叙述、描写、议论兼而有之。小作者娓娓道来家庭的变故；用心理、场景描写等手段细腻地描述情绪的失落、苦闷、压抑；当老师同学伸出援手时又毫不吝啬笔墨进行抒情议论。

　　使用隐喻象征手法。若只看文章题目，会以为是写四季中冬季的风景，读完文章才发现小作者是运用冬天寒冷的特征暗喻人生的磨难困境，独出心裁，同时富含哲理的末尾说辞更是彰显正能量，做到锦上添花。

瞬间的永恒

刘子琛

　　夏日的午后，蝉声如织。我独自在家里漫不经心地整理书桌。从一本旧书中突然飘落了一张照片，我俯身拾起，窗外的阳光洒在照片上，暖融融的。照片上方赫然标有"2018级六年5班师生合影"的字样。那五十张笑脸上都散发着如阳光般的暖意，笑得最灿烂的是六年来一直不苟言笑的您——我们敬爱的班主任李老师。我眼前不觉又浮现出小学六年中的点滴片段……

　　记得刚入学的时候，就从学哥学姐那里得知您是出了名的"最严厉班主任"，整天板着脸，活生生一个"女巫婆"。其他班的同学都很同情地安慰我们说："兄弟们，今后一定要小心度日了，

　　开篇点题，从来都不苟言笑的老师在毕业照中却笑得最灿烂，这是为什么呢？为下文做好铺垫。

忍下这六年再说吧。不经历风雨，怎能见彩虹啊？"唉，当时的感觉是怎么这样倒霉，遇到了这样一位班主任。果不其然，他们的预言全部应验。课堂上，您表情一贯严肃，从来不笑，说话语气生硬，使用频率颇高的词语是：必须、一定、马上，等等。就连自习课上，您也从不给我们一点喘息的空间，严肃地盯着我们学习。

六年来，您每天嘱咐我们关注天气，嘱咐我们吃健康食品，叮嘱我们不要遗忘物品……直到小学毕业前夕，我们才发现您比几年前瘦了许多，也老了许多，黑发间也早已悄悄地掺杂进了银丝。这时，我才真切地体悟到，在您冰冷严肃的表情下隐藏着一颗时刻关爱我们的心，六年来它一直如阳光般照耀着我们健康成长。

依稀记得拍摄毕业照那天，刚下过雨，天阴沉沉的，刮着冷飕飕的风，当时的感觉很复杂，说不上是兴奋还是不舍。我们都知道，拍摄完毕业照，这个相处六年的班级即将解体，相处六年的同学也会为人生的下一站而各奔东西。但是，最让我们惊喜的是，在这张毕业照上，您笑了，而且笑得比我们任何人都灿烂，那是我们盼望了很久的笑容啊。就在那一瞬间，摄影师为我们留下了永恒的美丽。

承接上文，从表情、语言等方面证实了李老师是一个不爱笑的人，也表达了小作者对老师的异议和不满的心理。

与开头的反感老师形成反差，变为喜欢老师。小作者在这里运用了先抑后扬的写作手法，让人耳目一新。

展示了同学们的惊喜，也抒发了同学们对老师的爱戴与尊重之情。

现在，依旧是夏天，离开了原来的那个集体，不过心头的思恋却从未消减。六年的时光就这样轻轻地从脑际滑过，不过那最温暖最感动的时刻会一直留在心里，永远珍藏。这五十张笑脸将永恒绽放！

结尾的抒情点明中心思想，让文章主题得到升华。

【导师点评】

先抑后扬，突出老师形象。文章思路清晰，小作者善于运用自己的感受来侧面烘托老师的形象。从厌烦、牵挂到最后的由衷赞美，展示了"我"对老师的情感变化，衬托了人物的心灵美。先写老师不苟言笑到最后笑得最灿烂，这样的写法前后对比，突出了老师的形象特点，也流露出了自己对老师的喜爱之情。

观察细致，叙述生动。小作者是一个细心的孩子，他通过自己平时的仔细观察，分别对老师的外貌、品行、性格进行细节捕捉，然后展开生动叙述，向读者展现了一个默默无闻的老师的形象。让读者感受到她的美好品质。

在校园生活里，曾经发生过哪些让你难忘的事呢？翻开自己的相册，里面的照片是否勾起了你对校园生活的一些回忆？你可以运用先抑后扬的写作手法，写一写难忘的校园生活，比如难忘的一节课、难忘的一次活动等。题目自拟，字数在800个以内。

教师评语：_____

_____。

家长评语：_____

_____。

成长故事

习作指南针

▶ 了解古诗大意，想象诗人所描写的情景，
感悟诗人在诗中表达的思想感情。

▶ 学习"蒙太奇"式的写作手法。

我爱古诗文

　　小朋友，在我们成长的过程中，每一天都会发生很多事，你想把你在不同空间、不同时刻成长的片段记录下来吗？

　　"蒙太奇"是电影中采用的一种手法，意思是"剪辑组合"，就是把许多镜头剪辑组织起来，使之成为一部前后连贯、首尾完整、主题统一的影片。把这种电影手法"嫁接"到写作中，也是一种简便易行的写作方法，我们称它为"蒙太奇"手法。就是把不同时间、不同地点的生活画面或片段巧妙地"剪辑组合"起来，用以表现某一主题，使其形象、情节连贯完整，并产生呼应、对比、悬念、暗示等效果，它有利于记叙的衔接和融合。

　　我们通过唐代诗人李商隐的《无题（八岁偷照镜）》和宋代词人蒋捷的《虞美人·听雨》两首古诗词，学习"蒙太奇"的写作手法，从而扩充作文的容量，扩展作文的时空跨度，使文章条理贯通，节奏鲜明。

 **佳篇点击**

无　题

［唐］李商隐

八岁偷①照镜，长眉②已能画。

十岁去踏青，芙蓉③作裙衩④。

十二学弹筝⑤，银甲⑥不曾卸。

十四藏六亲⑦，悬知⑧犹未嫁。

十五泣春风⑨，背面⑩秋千下⑪。

【词释义】

①偷：指羞涩，怕人看见。

②长眉：古以纤长之眉为美。

③芙蓉：荷花。《离骚》中有"集芙蓉以为裳。"

④裙衩（chà）：下端开口的衣裙。

⑤筝（zhēng）：乐器，十三弦。

⑥银甲：银制假指甲，弹筝用具。

⑦六亲：本指最亲密的亲属，这里指男性亲属。

⑧悬知：猜想。

⑨泣春风：在春风中哭泣，怕春天的消逝。

⑩背面：背着女伴。

⑪秋千下：女伴在高兴地打秋千。

【知诗人】

　　李商隐（约813-约858）唐代诗人。字义山，号玉谿生。怀州河内(今河南沁阳)人。开成年间进士，曾任县尉、秘书郎和东川节度使判官等职。因受牛李党争影响，被人排挤，潦倒终身。所作咏史诗多托古以讽；"无题"诗也有所寄寓，至于其真实含义，诸家所释不一。他擅长诗歌中律诗、绝句的写作，富于文采，具有独特风格，然有用典太多、意旨隐晦之病。有《李义山诗集》。

【悟诗意】

　　八岁小姑娘喜欢偷偷地照镜子，已能把自己的眉毛画成长眉了。十岁到野外踏青，想象着荷花做自己的衣裙。十二岁开始学弹筝，套在手指上的银甲一直没脱下来。十四岁时，要避免见到男性，连最亲的人也不能见，这时她可能在猜想何时出嫁吧。十五岁时，她背对着秋千，在春风中哭泣，怕春天的消逝。

【表诗情】

本诗以少女怀春之幽怨苦闷，表达了少年才士自喻少负才华、渴望参与社会政治生活而又忧虑前途的心情。诗人通过近距离的观察，才写出如此动人心弦的诗作。

"八岁偷照镜，长眉已能画"，这位少女八岁就有爱美之心，喜欢偷偷地照镜子，已能把自己的眉毛画成长眉了。此句写出了女孩的心理状态。这个年龄段的男孩只喜欢玩打打杀杀的游戏，而女孩就想着要打扮自己了（古以长眉为美）。

"十岁去踏青，芙蓉作裙衩"，少女十岁时和同伴到野外踏青，她无忧无虑，天真烂漫，想象着芙蓉花做自己的衣裙，觉着特别美丽。

"十二学弹筝，银甲不曾卸"，十二岁学习弹琴。她是那么认真、专心，套在手指上的银甲(弹琴用的指甲套)都一直没脱下来。

"十四藏六亲，悬知犹未嫁"，十四岁怀春羞涩，藏于深阁。十四岁的姑娘按封建社会的规矩，要避免见到男性，连最亲的人也概莫能外。女孩失去了行动自由，要躲在闺房内了。她心里想些什么？诗人猜测大约想知道何时出嫁了吧。"悬知"，表现了女子半是希望半是担忧的待嫁心理。

"十五泣春风，背面秋千下"，十五岁无处说相思。古时女子十五岁许嫁，诗中女主人公前途未卜，忧伤烦闷，又无处说相思，更无心为秋千之戏。这还不够，诗人善作情语，让少女独自面对春风而泣，何等情思。十五岁对古代女孩来讲，已是到了婚后生子育女的年龄。可惜父母未能如其愿，年龄大起来了，所以她只能背对秋千饮泣了。姑娘在"泣春风"，也是诗人在叹息自己无法预知的命运。

【收藏夹】

　　这首诗运用"蒙太奇"手法链接了五个跳跃的穿越镜头："八岁""十岁""十二岁""十四岁""十五岁"，这五组镜头，有空间的，有时间的，它们的巧妙搭配，构成了一个完美的故事：一个懵懂纯真的女孩怎样成长为一个初谙世事的妙龄少女。全诗寥寥五十个字，竟能完美、巧妙地将五个不同的故事剪辑组合到一起，自然而然地把一个小姑娘的成长过程融于日常生活之中，以使诗上下贯通、首尾完整，李商隐真可谓善于摄取组合镜头的名家高手。他巧借"蒙太奇"手法，把不同时间、不同地点发生的不同故事组合在一起，使叙述达到了熟中见生、淡里含真、平中见奇的艺术效果。这种安排铺设，使情节更为凸显，使主旨更为鲜明。通过这五组镜头，可以看出诗人对少女的观察是细致入微的。一个聪明早慧的姑娘，从她八岁开始"偷照镜"写起，直到待字闺中，这么长一段生活经历，写的真是栩栩如生，呼之欲出。

好词大搜索

形容时光漫长的词语：

度日如年	地久天长	亘古通今	旷日弥久	经久不衰	斗转星移
天荒地老	百岁千秋	年复一年	日长似岁	日积月累	三年五载
青山不老	夜以继日	世世代代	万古千秋	日久岁深	一日三秋
猴年马月	遥遥无期	有朝一日	古往今来	日日夜夜	千秋万代

形容时光短暂的成语：

分秒必争	只争朝夕	稍纵即逝	光阴似箭	岁月如梭	韶华易逝
白驹过隙	一朝一夕	时不我待	日新月异	千金一刻	争分夺秒
昙花一现	弹指之间	电光石火	日月如流	瞬息之间	旦夕之间

读诗学写作

虞美人^① 听雨

［宋］蒋捷

少年听雨歌楼上，红烛昏^②罗帐^③。壮年听雨客舟中，江阔云低断雁^④叫西风。　而今听雨僧庐^⑤下，鬓已星星^⑥也。悲欢离合总无情^⑦，一任^⑧阶前点滴到天明。

【词释义】

①虞美人：著名词牌之一，唐教坊曲。

②昏：昏暗。

③罗帐：古代床上的纱幔。

④断雁：失群孤雁。

⑤僧庐：僧寺，僧舍。

⑥星星：白发点点如星，形容白发很多。

⑦无情：无动于衷。

⑧一任：听凭。

【知诗人】

蒋捷　南宋词人。字胜欲，号竹山，阳羡（今江苏宜兴）人。咸淳十年（1274）进士。宋亡后，深怀亡国之痛，隐居不仕。其词多抒发故国之思、山河之恸，风格多样，而以悲凉清俊、萧寥疏爽为主。有《竹山词》。

【悟词意】

年少的时候，在歌楼上听雨，红烛盏盏，昏暗的灯光下罗帐轻盈。人到中年，在异乡的小船上，看蒙蒙细雨，茫茫江面，水天一线，西风中，一只失群的孤雁阵阵哀鸣。而今，人已暮年，两鬓已是白发苍苍，独自一人在僧庐下，听细雨点点。人生悲欢离合的经历是无情的，还是让台阶前一滴滴的小雨下到天亮吧。

【表词情】

　　词人从"听雨"这一独特视角出发，通过时空的跳跃，依次推出了三幅"听雨"的画面，将一生的悲欢离合渗透、融汇其中。因时间不同、地域不同、环境不同而有着迥然不同的感受。三幅画面前后衔接而又相互映照，艺术地概括了诗人由少年到老年的人生道路和由春季到冬季的情感历程。

【巧借鉴】

　　"蒙太奇"手法：以"听雨"为媒介，概括了少年追欢逐笑的生活。

　　"少年听雨歌楼上，红烛昏罗帐"，这两句给读者展开了第一幅画面："歌楼""红烛""罗帐"等绮艳意象交织出现，传达出少年春风得意的欢乐情怀。它展现的虽然只是一时一地的片段场景，但具有很大的艺术容量。少年时候醉生梦死，一掷千金，在灯红酒绿中轻歌曼舞，沉酣在自己的人生中。一个"昏"字，表现出少年的奢靡生活。这时听雨是在歌楼上，尽管这属于纸醉金迷的逐笑生涯，毕竟与忧愁悲苦无缘，而词人着力渲染的只是"不识愁滋味"的青春风华。这样的阶段在词人心目中的印象是永恒而短暂的。以这样一个欢快的青春图，反衬人物晚年处境的凄凉。

　　"蒙太奇"手法：以"听雨"为媒介，概括出壮年的漂泊孤苦。

　　"壮年听雨客舟中，江阔云低断雁叫西风"这两句给读者展开了第二幅画面：一个异乡人在船中听雨，天上有一只失群孤飞的大雁，江面上水大辽阔、风急云低，一幅江上秋雨图。这里的"客舟"不是《枫桥夜泊》中的客船，也不是"惊起一滩鸥鹭"里的游船，而是孤独的天涯羁旅。孤独、忧愁、怀旧时时涌上心头。这时的雨伴随着断雁的叫声。"断"字，联系了诸多意境，同断肠联系在一起，同亲情的斩断联系在一起，有一种人生难言的孤独和悔恨。"客舟"及其四周点缀的"江阔""云低""断雁""西风"等衰瑟意象，映现出风雨飘摇中颠沛流离的坎坷遭际和悲凉心境。壮年之后，兵荒马乱之际，词人常常在人生的苍茫大地上踽踽独行，常常四方漂流。一腔旅恨、万种离愁都已包孕在他所展示的这幅江雨图中。

"蒙太奇"手法：以"听雨"为媒介，概括出晚年的寂寞孤独。

"而今听雨僧庐下，鬓已星星也"，"而今听雨"的画面，是一幅显示词人写作此词时处境的自我画像。一个白发老人独自在僧庐下倾听着夜雨。处境之萧索，心境之凄凉，在十余字中，一览无余。江山已易主，壮年愁恨与少年欢乐，已如雨打风吹去。此时此地再听到点点滴滴的雨声，却已无动于衷了。最后的僧庐听雨，完全是一种现实的描绘。"而今"一词很好地说明了现状——一种由回忆拉回现实的感受，增加了对岁月的感悟！

总结抒情，无限感伤。

"悲欢离合总无情，一任阶前点滴到天明"，词人似乎已心如止水，波澜不惊，但彻夜听雨本身，却表明他并没有真正进入超脱沉静的大彻大悟之境，只不过饱经忧患，已具有"欲说还休"的情感控制能力。一生悲欢离合，尽在雨声中体现。因受国亡之痛的影响，感情变得麻木，一任雨声淋漓，消解了喜怒哀乐，而其深层则潜隐着词人的亡国愁情。

这三幅画面既有个性烙印，又有时代折光：由词人的少年风流、壮年飘零、晚年孤冷，分明可以透见一个历史时代由兴到衰、由衰到亡的变化轨迹，而这正是此词的深刻、独到之处。

习作实践园

 老师教一教

　　小朋友，"蒙太奇"手法不仅不受时空限制，取材广泛自由，而且可以省去承上启下的过渡句或过渡段，使材料更充实、更集中，同时片段或标题式的排列方式，能使文章思路更清晰、更有条理。这些片段或画面之间，不一定要衔接，而是各自有各自独立的起讫，每个小版块都有各自相对的完整性和独立性；所有的片段或画面必须围绕着一个主题或中心，同时每个画面或片段，不能是同一个层面或同一个角度的内容，应该是多角度、多侧面、全方位、立体地表现主题；片段或画面的排列必须有一定的逻辑性，或纵或横或层层深入，不能混乱无序。

【妙句呈现】

　　人的一生，是在选择中度过的，你总会遇到这种或那种选择。

镜头一

　　某君吹着口哨，在街上不紧不慢地蹓跶。忽然，他眼前一亮，一个黑色的钱包！他拾起揣于怀中，正欲走人，迎面走来一位神色慌张，像是失主的人……面临金钱，某君该如何选择？

镜头二

　　一家高档茶坊里，一位政府官员模样的人正在品茶，这时走进来一位他的老部下："张局长，这次升职的事就拜托你了。"说着殷勤地递过来一幅名画。面临诱惑，人们又该如何选择？

镜头三

泰坦尼克号就要沉没，一位绅士跑上甲板，此时救生艇只有一个位置，那位绅士正要跨上艇时，一位妇女抱着孩子匆匆赶来……面临死亡，人们又该如何选择？

【妙句赏析】

这几段文字采用了"蒙太奇"手法，选取了三个镜头，分别从金钱、诱惑和生死三个各不相同但又极具代表性的方面来揭示人性主题。作者巧妙地把三个思维跳跃性非常大的画面有机地组合在一起，既丰富了文章的意蕴，又形成了一种有序的思维引导。它的满分秘诀在于情感表达的含蓄性和内容形式的新颖性！

金牌例文榜

沉默的父爱

程忆

6 岁

操场上，一个小男孩正在学骑自行车，远处站着他的父亲。没有过多的指导，没有多余的安慰，小男孩摔了又摔，双腿早已是青紫交加。终于，男孩坐在地上，哇哇大哭起来。父亲依旧是那么笔挺地站着，远远地看着他，眼中有不舍与心痛，但更多的是严肃。男孩多么渴望爸爸的安慰！多

镜头切换到 6 岁——儿童时代。父亲教孩子学骑自行车，他让孩子接受挑战，养成不服输的性格。

么渴望爸爸的拥抱！但这些都没有，只有那双严肃的眼睛，让男孩感到冷酷与无情。终于，男孩不哭了，倔强地站起来，跨上车，开始又一次的尝试。而父亲转过身，迈着大步，走了。身后又是一阵金属与地面的摩擦声，父亲只是不经意地回了下头，手却在颤抖。男孩站起来，想着刚才父亲严肃的眼神，两行热泪莫名其妙地滑过他的脸颊。一步、两步、三步……父亲离开的脚步声依旧坚定。

14 岁

礼堂里，当年的小男孩被人群簇拥着走上了领奖台，他每一次高举奖杯，观众都热烈鼓掌欢呼。紧拥着荣誉，在闪光灯不停的闪耀下，男孩艰难地寻找他的父亲。欢呼的人群中，没有找到他。领奖台下的座位上，父亲静静地坐在那里。瞬间，礼堂仿佛空荡荡的，只有男孩与他的父亲对视着，父亲的眼神还是那么严肃，那眼神让光芒万丈的奖杯褪色。父亲突然站起身，走向自己的儿子，一把夺过他紧拥着的奖杯，毫不犹豫地把它交给了儿子的老师。两行热泪又一次不由自主地顺着男孩的脸颊流淌下来，一步、两步、三步……父亲离开的脚步声依旧坚定。

昨天

校门口，一位少年与他的父亲正在告别。没有寒暄，没有宽慰，没有拥抱，没有说一句话。

镜头切换到14岁——青少年时代。孩子获奖并未得到父亲的祝福和掌声，让人觉得父亲不近人情。

时间选在昨天，介绍父子分别的场景。

他直视着父亲，父亲的皱纹又深了，他的黑发中又添了些灰白。少年在泪眼模糊中，突然发现父亲那惯常严肃的眼神里突然变得有些光亮。父亲用颤抖的手伸向自己的儿子，在半空中却停住又缩了回来。他低下头默默离开了。走到拐角，他停下来回过头看了一眼儿子，继而默默离开。少年望着父亲远去的背影，压抑不住的泪水终于流淌下来。沉默中，心中是那么温暖，一步、两步、三步……

借助动作、神态描写出父亲对儿子的留恋不舍。

今天

考场上，有一个孩子在写着沉默的父爱，心中充满感激与骄傲："我的父亲，他的感情如绵细的秋雨，柔和的春风，没有大起大落，只是淡泊沉默。"

沉默的父爱——我很感激它。

今天，儿子在考场上写着盛赞父亲的文章，更加突出了父子间真挚的情感，同时也升华了文章的主题。

【导师点评】

以时为序，变化空间。借助场面、段落的分切与组合，带领读者自由灵活地穿梭时空，但整体层次分明，不杂不赘。

关注细节，刻画传神。前三个时间段叙述父子间的故事，通过抓住父亲的眼神、脚步、背影进行刻画人物形象，异中有同，塑造出父亲沉默如山的高大形象。

多彩的班级

李天宇

蓝天小学的六年级6班，是我和同学们的班集体，也是一个积极进取，团结向上，激情飞扬的班集体。

积极进取的蓝

语文课上，老师手捧着书，站在讲台上，声情并茂地吟诵着唐代诗人杜牧的诗作《江南春》，"千里莺啼绿映红，水村山郭酒旗风。南朝四百八十寺，多少楼台烟雨中。"讲台下的我们如痴如醉地听着，此时此刻，我们仿佛也置身于水村山郭中，看见了那烟雨迷蒙中的楼台……"大家还知道杜牧写的其他古诗吗？"半晌，我们才回过神来，小手如雨后春笋般"唰"的一下子全冒了出来，"霜叶红于二叶花""清明时节雨纷纷""牧童遥指杏花村"……知识犹如无边无际的海洋，我们就像求知的小鱼儿在这蓝色的海洋中畅游。

团结向上的白

一周一次的大扫除开始了，以李小胖为首的力大无比队正挥舞着"毛笔"——拖把，在地上龙飞凤舞，笔走龙蛇，书写着新篇章。以许大个为主的巨人队，挥舞着抹布在玻璃这个大舞台上翩然起舞，衣袂飘飘。剩下的其他同学结成"联军"，正在把喝得烂醉如泥的桌子摆放整齐。

大扫除结束了，只见地面光亮如新，窗户干净明亮，桌子整齐划一，仿佛置身于纤尘不染的白色世界。

激情飞扬的红

足球场上，如破雷一般的哨音在球场上响起。我抬起脚，对着球轻轻一踢，球就被右前锋稳稳地接住。他一个助跑，冲刺，步入敌方大营。只见他被敌人团团包围，我不禁为他捏了一把冷汗。我快马加鞭地跑过去助他突围，他瞅准时机，一个大脚，球又被我勾进脚底……比赛激烈地进行着，我们挥汗如雨。

班级的啦啦队也不甘示弱，他们穿着红色的班服，喊得声嘶力竭，每一次的球来球去都会让他们胆战心惊，激情澎湃。我们是绿茵场上的健儿，在脚下这块丰沃的土地上尽情展现自己的风采，激情飞扬。

这就是我们多姿多彩，和谐友爱的班集体，在这里我们共同成长，一起进步。

红色代表激情，小作者抓住足球赛场的特写镜头及人物的动作，体现激情与速度飞扬的运动氛围。

结尾继续点题，与开头呼应，强调文章主题。

【导师点评】

平行蒙太奇，角度多样，层次分明。多维度地表现多彩的班集体，不受时空的局限，自由灵活地掌控所说事件，全都围绕中心词"多彩"选材，主题鲜明。

选材独特，以点带面。蓝、白、红一般代表三种情绪特征，分别是沉静、纯洁、热诚，选材上小作者却从中写出新意，巧妙将知识之海、环境之洁、运动之火融入其中，赏心悦目。

本次习作可以写你了解的同学、朋友的成长故事，也可以写自己的成长经历。试着使用"蒙太奇"的写作手法，要写得清楚具体，写完以后可以和同学交流一下，还可以编成短剧。题目自拟，字数在800个以内。

教师评语：_____

_____ 。

家长评语：_____

_____ 。

写景篇

湖光山色

> 熟读古诗，从整体上感知古诗的意境，感悟诗人在诗中表达的思想感情。

> 学习多角度观察和有序描写景物的写作手法。

我爱古诗文

小朋友，成功的景物描写，可以使读者赏心悦目，怡神悦态。多角度观察和有序描写景物是景物描写的有效方法之一，即在描写景物时，把多个非平面物体一一刻画，然后组合成一幅立体画。它一般以从上到下、由远及近的模式建构，使景物描写具体形象，逼真可感。在运用多角度观察和有序描写景物时，首先，我们要对重点选择的典型景物进行具体描写介绍，这样才能反映出景物的特点；其次，所描写的各个景物之间要互相关联，合理有序，组成一个整体，给读者以完整的印象。

我们通过唐代诗人张旭的《桃花溪》和杜牧的《江南春》两首诗，学习运用多角度观察和有序描写景物的写作手法，让景物更形象、更逼真地展现在读者眼前。

湖光山色

佳篇点击

桃花溪①

［唐］张旭

隐隐飞桥②隔野烟，
石矶③西畔问渔船④。
桃花尽日⑤随流水，
洞⑥在清溪何处边。

【词释义】

①桃花溪：水名，在湖南省桃源县桃源山下。

②飞桥：高桥。

③石矶：水中积石或水边突出的岩石、石堆。

④渔船：源自陶渊明《桃花源记》中语句。

⑤尽日：整天，整日。

⑥洞：指《桃花源记》中武陵渔人找到的洞口。

【知诗人】

　　张旭　唐代诗人。字伯高，吴郡（今江苏苏州）人。曾任常熟尉、金吾长史，世称"张长史"。工书，精通楷体，草书最为知名，相传往往大醉后呼喊狂走，然后落笔，时称"张颠"。能诗，以七绝见长。其写景诗句，以境界幽深、构思精巧见长。《全唐诗》存其诗六首。

【悟诗意】

　　一座高桥隔着云烟出现，在岩石的西畔询问渔船。桃花整天随着流水流淌，桃源洞口在清溪的哪一边呢？

【表诗情】

　　此诗通过描写桃花溪幽美的景色和诗人对渔人的询问，抒写一种向往世外桃源，追求美好生活的心情。桃花溪两岸多桃林，暮春时节，落英缤纷，溪水流霞。相传东晋陶渊明的《桃花源记》就是以这里为背景的。张旭描写的桃花溪，虽然不一定是指这里，但却暗用其意境。

　　"隐隐飞桥隔野烟"，深山野谷，云烟缭绕；透过云烟望去，那横跨山溪之上的长桥，忽隐忽现，似有似无，恍若在虚空里飞腾。这境界多么幽深、神秘，如入仙境。在这里，静止的桥和浮动的野烟相映成趣：野烟使桥化静为动，虚无缥缈，临空而飞；桥使野烟化动为静，宛如垂挂一道轻纱帏幔。隔着这帏幔看桥，使人格外感到一种朦胧美。"隔"字，使这两种景物交相映衬，融成一个艺术整体；还暗示出诗人是在远观，若是站在桥边，就不会有"隔"的感觉了。

"石矶西畔问渔船"，水中露出嶙峋岩石，如岛如屿；那飘流着片片落花的溪上，有渔船在轻摇，景色清幽明丽。一个"问"字，诗人也自入画图之中了，使读者从这幅山水画中，既见山水之容光，又见人物之情态。诗人伫立在古老的石矶旁，望着溪上飘流不尽的桃花瓣和渔船出神，恍惚间，他似乎把眼前的渔人当作当年曾经进入桃花源中的武陵渔人。"问渔船"三字，逼真地表现出这种心驰神往的情态。

"桃花尽日随流水，洞在清溪何处边"，是问讯渔人的话：但见一片片桃花瓣随着清澈的溪水不断漂出，却不知那理想的世外桃源洞在清溪的什么地方呢？这里，桃源洞的美妙景色，是从问话中虚写的，诗人急切向往而又感到渺茫难求的心情，也是从问话中委婉含蓄地透露出来的。

这首诗用问讯的方式运实入虚，诗人的笔触轻快洒脱，对《桃花源记》的意境也运用得空灵自然、蕴藉不觉、情韵悠长、耐人寻味。

【收藏夹】

本诗运用了多角度观察和有序描写景物的写作手法。诗由远处落笔，先写深幽山谷、隐隐飞桥、朦胧云烟，然后镜头移近，写嶙峋岩石、桃花流水、渔舟轻泛。六组不同的景物创造了一个意境深邃、画意甚浓的幽深境界。全诗从远到近，按照一定的顺序写来，诗人构思布局相当新颖巧妙，对景物不做繁琐的描写，也不敷设明艳鲜丽的色彩，仅凭几组景物的组合就让人一眼便直入主题，望见了小桥流水人家，获得了深刻的印象。

读诗学写作

诗文扫一扫

江南春

［唐］杜牧

千里莺啼①绿映红，
水村山郭②酒旗③风。
南朝④四百八十寺⑤，
多少楼台⑥烟雨⑦中。

【词释义】

①莺啼：即莺啼燕语。
②郭：外城。此处指城镇。
③酒旗：一种挂在门前以作为酒店标记的小旗。
④南朝：指先后与北朝对峙的宋、齐、梁、陈政权。
⑤四百八十寺：南朝皇帝和大官僚好佛，在京城（今南京市）大建佛寺。这里说
　　四百八十寺，是虚数。
⑥楼台：楼阁亭台。此处指寺院建筑。
⑦烟雨：细雨蒙蒙，如烟如雾。

【知诗人】

　　杜牧（803-852）　唐代诗人。字牧之，京兆万年（今陕西西安）人，宰相杜佑之孙。以济世之才自负。诗文中多指陈时政之作。其写景抒情的小诗，多清丽生动。以七言绝句著称。人谓之"小杜"，以别于杜甫，和李商隐合称"小李杜"。因晚年居长安南樊川别墅，故后世称"杜樊川"，有《樊川文集》。

【悟诗意】

　　江南大地鸟啼声声、绿草红花相映，水边村寨、山麓城郭处处酒旗飘动。南朝遗留下的四百八十多座古寺，无数的楼台全笼罩在风烟云雨中。

【表诗情】

　　诗人以轻快的文字和极具概括性的语言描绘了一幅生动形象、丰富多彩而又有气魄的江南春画卷。

【巧借鉴】

多组画面，呈现幽美意境。

"千里莺啼绿映红，水村山郭酒旗风"，诗人在辽阔的千里江南，分别描述了这样几组画面：黄莺在欢乐地歌唱，丛丛绿树映着簇簇红花，傍水的村庄，依山的城郭，迎风招展的酒旗。这几组画面里有植物有动物，有山有水，有声有色，景物也有远近之分，动静结合，各具特色，呈现出一种深邃幽美的意境。迷人的江南，经过诗人生花妙笔的点染，显得更加令人心旌摇荡了。"千里"二字表现了这种繁丽是铺展在大片土地上的。

运用典型化手法，呈现景物特征。

"南朝四百八十寺，多少楼台烟雨中"，金碧辉煌、重重楼宇的佛寺，本来就给人一种深邃的感觉，现在诗人又特意让它出没掩映于迷蒙的烟雨之中，这就更增加了一种朦胧迷离的色彩。

从前两句看，莺鸟啼鸣，红绿相映，酒旗招展，应该是晴天的景象，但这后两句写烟雨，诗人运用了典型化的手法，把握住了江南景物的特征。江南特点是山重水复，柳暗花明，色调错综，层次丰富而有立体感。诗人在缩千里于尺幅的同时，着重表现了江南春天掩映相衬、丰富多彩的美丽景色。但光是这些，似乎还不够丰富，还只描绘出江南春景明朗的一面。所以，诗人又加上精彩的一笔："南朝四百八十寺，多少楼台烟雨中。"这样的画面和色调，与"千里莺啼绿映红，水村山郭酒旗风"的明朗绚丽相映，使得这幅"江南春"的图画变得更加丰富多彩。"南朝"二字更给这幅画面增添悠远的历史色彩。"四百八十"是唐代人强调数量之多的一种说法。诗人先强调建筑宏丽的佛寺不止一处，然后再接以"多少楼台烟雨中"这样的唱叹，就特别引人遐想。

习作实践园

  老师教一教

　　小朋友，多角度观察和有序描写景物是从简单走向复杂，采用多手法、多元素、多方位的建构，较"点""线""面"而言更为优化。在采用多角度观察和有序描写景物时，首先要从周围环境中选择具有特点的不同画面，然后对一幅幅不同的画面按照方位顺序进行具体描述，最后将不同的画面按一定的顺序组合在一起。采用多角度观察和有序描写景物的写作手法时，注意选择的画面要具有代表性，还要注意画面与画面之间的内在联系。

【妙句呈现】

　　我们远远地望见了渺茫的湖水，安静地躺在那里，似乎水波不兴，万籁皆寂。渐渐地走近了，湖山的胜处也就渐渐地豁露出来。有一座破旧的老屋，总有三进深，首先唤起我们注意。前厅还相当完整，但后边却很破旧，屋顶已经可看见青天了，碎瓦破砖抛得满地。墙垣也塌颓了一半。这就是范成大的祠堂。墙壁上还嵌着他写的"四时田园杂兴"的石刻，但已经不是全部了。我们在湖边走着，在不高的山上走着。四周的风物秀隽异常。满盈盈的湖水一直溢拍到脚边，却又温柔地退回去了，像慈母抚拍着将睡未睡的婴儿似的，它轻轻地抚拍着石岸。水里的碎磁片清晰可见。小小的鱼儿，还有顽健的小虾儿，都在眼前游来蹿去。登上了山巅，可望见更远的太湖。太湖里点点风帆，历历可数。太阳光照在潾潾的湖水上面，闪耀着金光，就像无数的鱼儿在一刹那之间，齐翻着身。绿色的田野里，夹杂着黄色的菜花田和紫色的苜蓿田，锦绣般地展开在脚下。

——选自郑振铎《石湖》

【妙句赏析】

　　散文《石湖》是郑振铎先生晚年创作的一篇追昔抚今、状物抒情的散文游记，主要描写了苏州旅游胜地石湖的景象和作者的见闻感想。

　　作者的视角先聚焦在"湖水"上，横向平铺写景，再延伸开去："老屋""青天""墙垣"等纷纷在作者的介绍下落入读者的眼帘里；然后从"四周的风物"纵向写景，先后写了"湖水""石岸"以及湖水里的"鱼儿""小虾儿"和"点点风帆"，最后扩展到了一望无垠的田野里。这样就构成了一幅"石湖"立体画，无不让人有身临其境之感。

好词大搜索

描写山的词语：

层峦叠嶂	奇峰罗列	怪石嶙峋	连绵起伏	危峰兀立	拔地而起
奇峰突兀	崇山峻岭	巍然屹立	千峰百嶂	锦绣河山	高耸入云
连绵不断	千山万壑	峰峦雄伟	悬崖峭壁	江山如画	层峦叠翠

描写水的词语：

水平如镜	波光粼粼	碧波荡漾	波涛汹涌	波浪滔天	狂涛怒吼
惊涛骇浪	波澜壮阔	浩浩荡荡	随波逐流	汪洋大海	风平浪静
清澈见底	急流飞溅	奔腾咆哮	烟波浩渺	滔滔不绝	一泻千里

金牌例文榜

古老而安逸的乌镇

薛楚涵

一直想去乌镇，想去领略它的古老，想去享受它的安逸，也想去探访茅盾笔下的那个林家铺子……

乌镇这个名字是从我爸爸的口中得知的。看他眉飞色舞地描绘着乌镇的古老，我不以为然——不就是小小的一个古镇，用得着说得那么天花乱坠？古老？我就不信它能比河姆渡还古老！

了解乌镇是从自己的眼里——从街头的巨幅广告画里。隔着一条街，我注视了那幅画很久，开始对自己先前的不以为然感到怀疑，这乌镇真是够古老的。

按捺不住好奇心的我期待着能去看看乌镇。机会总会来的，只不过迟了些，我总算踏上乌镇的土地了。

踏上乌镇的土地便能闻到古老的气息：我们走近河道，古老化作河水静静地流淌；我们跨上拱桥，古老化作青苔生长在石砖上；我们来到药房，古老化作药味弥漫在空气中；我们走进染坊，古老化作蓝花印染依附在布帛上；我们拐入

全文写乌镇的"古老"与"安逸"，开头便直接点题，并概括小作者对乌镇的认识。

自己刚开始对乌镇的古老"不以为然"，为下文的"不会忘记"做了极有力的铺垫。从侧面烘托了乌镇的美。

从"巨幅广告画里"看到乌镇才使"我""怀疑"了"先前的不以为然"。也引出了"踏上乌镇"之后的见闻。

运用排比的修辞手法描写乌镇的"古老"，小作者把游踪顺序、景物风貌、自身观感有机地结合在一起，语言凝练，

胡同，古老化为泛黄的春联残留在木门两侧；我们经过布坊，古老化作婆婆手中的梭子穿梭于两行丝线之间；我们观看皮影戏，古老化作那一根根线牵动着皮影的一举一动……

所到之处，除了古老，还有安逸。河水静静地流淌，药味缓缓散去，布帛轻轻飘飞……这个小镇安逸地接受着午后阳光的洗礼。有人在纳着鞋底，敞开着的门正中挂着的中国结上垂着一串银铃，轻轻地随风飘，随风响……

午后的阳光被水面反射到榉木墙上，斑斑驳驳。水波在蠕动，光斑也在舞动……路边种植着香樟树，阳光从树叶间穿过，印下碎碎的树影。树上栖息着不知名的小鸟，唱着婉转动听的歌儿，和清风细雨附和着，构成了一段有声的五线谱。古老的石径小路上，车马缓行，游人穿梭，热闹而不拥挤，繁华而又平和。乌镇的天空比别处更蓝。云雀在空中穿梭，就连那古老河道中白色的鸥鸟，也不时来此盘旋，好像是飞来故意点缀这迷人的风景的。

也许乌镇是一幅画，不知是哪位大师画的，虽然用的都是暗色，却把古老和安逸给了乌镇；也许乌镇是一首诗，不知是哪位诗人写下的，虽然没有抢眼的文字，却将古老和安逸给了乌镇；也许乌镇是一朵花，不知是谁种下的，尽管是朵

形式新颖。

过渡自然，引出乌镇的另一个特点：安逸。

小作者将湖水、榉木墙、香樟树、石径小路、天空等多种景物有层次地组合为一幅静雅、幽美的水墨画，非常富有画面感，表现出乌镇"安逸"的特点。

纯朴的花，却开得异常旺盛，它用每根花蕊、每片花瓣尽情地绽放着古老和安逸。

短暂的一天，望向乌镇的最后一眼落在了那条河上，它还在静静地流淌，有谁知道它的尽头在哪儿吗？如果无人知晓，那么我祝它永远流下去。或许若干年后会忘了这一天，但不会忘记的是，我曾去过一个地方叫乌镇，那里有属于它的古老和安逸。

小作者在结尾表达了对乌镇的祝愿，进一步点明主题。字里行间，流露着作者对乌镇的热爱与欣赏之情。

【导师点评】

综合运用多种修辞手法，细腻描绘所见、所闻、所感。小作者借助比喻、拟人、排比等多种修辞手法将乌镇的美景呈现在读者眼前，描写景物的顺序或横向平铺，或纵向衔接，融情入景，抒发对乌镇美景的喜爱之情。

全文格调一致，视角独特。本文富于诗意，引人遐想，耐人品味。通过娴雅恬淡的语言，展示了乌镇的古老和安逸，令人向往。作者用独特的视角，介绍了乌镇建筑、风土人情，等等。多角度的观察和有序描写景物，使文章在整体叙述上显得详略有序，重点突出。

夏　日

江意雪

落红还没完全化作春泥，石榴已有了笑意。接踵而来的是销声匿迹已久的第一声蝉鸣。夏天，就这样来了。夏天像一个青年人，灼热的阳光是他灿烂的笑脸，迸发的热量是他蓬勃的气息，葱茏的草木是他厚密的头发，水涨潮急的山洪是他的力量，暴风骤雨是他的坏脾气。

夏日的绿，在天地间挥毫泼墨，在蓝天白云下，描绘着一幅幅多彩多姿的画卷。映入眼里的或墨绿，或青绿，都完全地脱了鹅黄的底子，它是这般的葱茏和葳蕤，不再浅薄、不再稚嫩，浓浓地把生命的层次极尽展现。它充满激情地吸纳着阳光，悠悠地呼吐出纯纯的气息，让你在这样绿的庇护中神清气爽，尽享清凉。

可是天有不测风云，带了阴电和阳电的云朵在午后热吻，闪电是不经意露出的含情脉脉的目光，雷声是他们快乐的笑语，而雨后七色的彩虹是他们爱的结晶。蓝的天，白的云，绚丽的彩虹，交织成盛夏最美的风景。

沿着石板路向前走，那一个个青草坡逐个跳入眼帘。走上山坡，挺拔的松树，带着一团团线球似的松针向人们招手。多姿的桃树，挂着椭圆形的叶子向人们致敬，格外有趣。曼舞的飞絮中，

运用比喻、排比、拟人的修辞手法写尽夏天的独特——炎热、蓬勃、繁盛、喜怒无常。

用颜色装扮夏天，层次分明的绿才是夏日的美丽。

融汇旅程中所见之物：青草、松树、桃树、榕树、柳树、木屋、池塘、莲花、莲叶、水珠，这些景

一棵高大的榕树挺立在低矮的柳树之间，显得极为突出；树冠宽阔婆娑，枝叶交横之间，竟是自成一片天地。一间小小的木屋静静地躺在高高的树顶上，躲在幽深的绿叶之间，虽然简陋粗糙，却如鸟巢一般，悠然而温暖。

不远处是一个池塘，盛开着许多莲花，有的妖娆绽放，有的含苞欲放。或卷或舒的莲叶幽然出水，圆润的水珠儿滚在碧绿的莲叶上，缓缓滑落到清澈的水面，荡漾起小小的涟漪。告别了苞蕾的荷花，绽放着清丽的笑靥，在轻风拂送下，舞动着叠翠的裙裾，似一个婉约的女子在轻轻吟诵"棹拂荷珠碎却圆"的诗句，隽秀的枝干无不在展示着夏的风情，不由得让你赞叹那绝佳的韵致。于蓦然回首中，已是"接天莲叶无穷碧，映日荷花别样红了"。

夏天的夜色，总是有着迷人的色彩，有点深沉却带着浪漫。天空的云朵在晚霞的映射下，五彩缤纷，幽悠的明艳着自己的美丽。那银镜似高悬着的圆月，把那如水的清辉漫漫倾泻，在蛙鸣虫啁中，繁星调皮地眨着眼，快乐地欣赏着婆娑的树影。这时，习习的凉风已把昼日里的烦与忧轻轻地弥散开来。

让冬苏醒，让春灿烂，让夏多姿，让秋辉煌。有了天地间的滋润，才有了旺盛的生命力。有了彼此的关爱，才有了春华秋实。

物在小作者的眼中依次展开，高低分明，或俯或仰，动静结合，红绿搭配，美景自现。人行其中，如入画卷。

小作者巧妙地将拟人、比喻、引用等修辞手法组合运用，充满诗情画意。

视觉与听觉有机结合，水天相接，体现夏夜星月的闪烁美和夏虫和鸣的音乐美。

运用排比的修辞手法，展现四季的不同特色。"有了天地

　　走过了春的旖旎，迎来了夏的蓬勃，是这般的缤纷绚丽，灿烂热烈。这夏天很美丽，它承接着春的生机，蕴含着秋的成熟，展现着夏的精神。

间的滋润，才有了旺盛的生命力"升华了主题，表达了相互关爱的伟大力量。

【导师点评】

　　以"夏"为圆心，选材丰富，形散神聚。夏之形、声、色兼有，色以绿为主却绿得层次分明，声有雷之轰鸣，形有高低错落的树、或欲放或绽放的花。夏之白天与黑夜不同，白天灼热，夜晚静谧，但无一处不触动心怀，满含着热爱。

　　诗的语言，画的美感。化用"落红不是无情物，化作春泥更护花"之意，开篇中间多处用比喻、拟人、排比及引用等修辞手法，可见小作者文学底蕴深厚，巧妙地将学过的古诗词流畅自然地运用到写作实践中，提升了文章的美感。

我来显身手

小朋友，大自然是广阔而神奇的。请你走入大自然，仔细观察、用心触摸，你会发现她处处藏着美，处处有令人称奇的景物。本次习作的重点是寻找在大自然中看到过的、有着奇特美的景物，然后运用多角度观察和有序描写景物的写作方法，选择你喜欢的一处景物，将它描写出来，介绍给其他人，要突出景观的奇特之处。

看看下面的提示，也许更能唤起你的记忆。

• 旅游胜地：九寨沟、华山、黄山、西湖、黄果树瀑布……

• 名不见经传的地方：一个村庄，一条小河，一片草地，一个人迹罕至的山谷、星空、云海……

题目自拟，字数在800个之内。

教师评语：_____

_____。

家长评语：_____

_____。

四季风情

习作指南针

> 理解古诗大意，想象诗中描写的美景，感悟诗人表达的思想感情。
> 学习"五觉法"的写作手法。

我爱古诗文

　　小朋友，春夏秋冬像四位神奇的演员，在自然界这个大舞台上表演各自的绝技。春的生机、夏的烂漫、秋的诗意、冬的希望，拼凑在一起，构成了一幅令人喜欢的、绚丽的画卷。而通常人们心中深刻的美景记忆并不只是从视觉中得来，也来自嗅觉、味觉、听觉、触觉。运用"五觉法"绘景，是调动视觉、味觉、听觉、触觉、嗅觉等多种感官来描写景物。"五觉法"的妙用是多渠道的，富有立体感的：用视觉，可以察形观色巧描绘，使人如见其状，历历在目；用嗅觉，可以吞芬吐芳妙描摹，使人如闻其馨，沁人心脾；用味觉，可以含英咀华泼浓墨，使人如品香茗，秀色可餐；用听觉，可以聆听妙音精绘画，使人如雷贯耳，余音绕梁；用触觉，可以身临其境细体会，使人如影随形，真实可亲。

　　我们通过宋代诗人范成大的词作《浣溪沙·江村道中》和唐代诗人白居易的诗作《夜雪》，学习运用"五觉法"来写作，从而使景物更加生动，更具立体感。

 **佳篇点击**

浣溪沙①江村道中

［宋］范成大

十里西畴②熟稻香。槿花③篱落竹丝长。垂垂山果挂青黄。

浓雾知秋晨气润，薄云遮日午阴凉。不须飞盖④护戎装⑤。

【词释义】

①浣溪沙：唐代教坊曲名，后用为词牌。此调音节明快，为婉约、豪放两派词人所常用。

②畴（chóu）：田地。

③槿（jǐn）花：是木槿或紫槿的花。正因其多色艳，可做欣赏植物，也可以作为一种中药使用，同时可以食用。

④飞盖：用以遮阴的篷盖。

⑤戎（róng）装：词人当时为四川制置使，故戎装出游，带有随从张盖遮阴。

【知诗人】

范成大（1126—1193）南宋诗人。字致能，号石湖居士，苏州吴县（今江苏苏州）人。绍兴进士，历任知处州、静江府兼广南西道安抚使、四川制置使、参知政事等职。晚年退居家乡石湖。其诗题材广泛，以反映农村社会生活内容的作品成就最高。与杨万里、陆游、尤袤齐名，称"中兴四大家"。亦工词，著作颇丰，存世有《石湖居士诗集》《石湖词》等。

【悟诗意】

金灿灿的十里平畴，飘来扑鼻的稻香，红艳艳的木槿花开在农舍的竹篱旁，迎风摇曳的毛竹又青又长，青黄相间的累累山果，笑盈盈地挂在枝头上。秋天的早晨雾气渐浓，湿润的空气令人清爽。正午的薄云又遮住了太阳，更不用随从张盖护住我的戎装。

【表诗情】

范成大是一位热爱自然、热爱农村生活的诗人，他虽然"位高权重"，但却对田园乡土具有一种赤子之心的感情，这首小令写于他军旅生活的江村道上。

"十里西畴熟稻香。槿花篱落竹丝长。垂垂山果挂青黄"，上片描写了词人身着戎装巡行在"江村道中"所见优美的田园风光。这三句词人以颜色变换为线索，先远后近，独具匠心。第一句写远景，写他在江村道上的所见：十里平畴，稻穗已黄，微风袅袅，送来阵阵新谷的芳香。第二句稍近些，红艳的木槿花后，有青翠的修竹在迎风摇曳。第三句写词人骑着马来到近旁的山坡上，举头一望，累累山果挂满枝头，青黄相间，低头摇晃，招人喜爱。这三句词是三个典型意象群，它把词人对农村生活与自然景物的热爱在景物的描写中自然而然地流露出来，使读者受到潜移默化的感染，充分体现了这位著名田园诗人在描绘江村美景方面的才华。

"浓雾知秋晨气润，薄云遮日午阴凉。不须飞盖护戎装"，下片写词人在江村道上的感受，偏重于主观上的情绪的抒写。

第一句写出清晨在浓雾中行进的那种微妙的感觉：秋晨田野上往往飘散着浓浓的雾霭。"秋晨气润"是一句艺术性兼生活哲理性的概括，它是词人希望归返自然的象征。

第二句是词人行于江村道上的又一直觉感受，它与"不须飞盖护戎装"相连，具有丰富的内涵："薄云"是一柄遮天盖地的太阳伞吗，有了这样的天伞，人就可以受用天然的荫凉，而避免酷日当头的曝晒，这比用车前的飞盖来遮阳要强似百倍。词人在这里好像有一种寄托：归返大自然比戎装之事要自由自在得多，小令的深层意蕴就在这里。

第三句写词人一路巡行，兴致极高，走在太阳底下，连随从为他打伞遮阳他都不需要。作为一个负有守土重任的封疆大吏，词人在看到防区内这一派美丽而又丰饶的田园风光时，既充满了欣喜与热爱之情，同时也平添了保家卫国的信心和力量。

【收藏夹】

本词运用了"五觉法"的写作手法，词人分别从"熟稻香""竹丝长""挂青黄""晨气润""午阴凉"等几方面展示了"嗅觉""视觉"等的综合感受。词人通过"五觉法"对秋日农村的美景做了极其形象的概括，向读者展示了这样一幅美丽的画面：江村的早晨，浓雾弥漫，秋气凉润。太阳出来后，浓雾散去，只见十里平川，稻谷飘香；村庄周围，槿花盛开，细长的竹枝随风飘舞；村后小山坡上挂满或青或黄的累累硕果，好一派喜人的秋收景象！词人不但写出了江南农家的独特风貌，而且，富有视角的流动感和行踪的变化性，使读者随着词人的马蹄"走马看花"地欣赏了江村道上的一路风光。

读诗学写作

 诗文扫一扫

夜 雪

[唐] 白居易

已讶①衾枕②冷，
复见窗户明。
夜深知雪重③，
时闻折竹声④。

【词释义】

①讶：惊讶。

②衾（qīn）枕：被子和枕头。

③重：大的意思，指雪下得很大。

④折竹声：指大雪压折竹子的声响。

【知诗人】

白居易（772-846）唐代诗人。字乐天，晚号香山居士、醉吟先生。祖籍太原（今属山西），后迁居下邽（今陕西渭南）。贞元进士，授秘书省校书郎。元和年间任左拾遗及左赞善大夫。后因上表请求严缉刺死宰相武元衡的凶手，得罪权贵，贬为江州司马。后官至刑部尚书。在文学上，主张"文章合为时而著，歌诗合为事而作"，是新乐府运动的倡导者。其诗语言通俗，相传老妪也能听懂。与元稹常唱和，世称"元白"。有《白氏长庆集》。

【悟诗意】

夜卧枕被如冰，不由让我很惊讶，又看见窗户被白雪泛出的光照亮。夜深的时候就知道雪下得很大，是因为不时地能听到雪把竹枝压折的声音。

【表诗情】

这是一首咏雪诗，诗人运用侧面烘托手法，通过描写"夜雪"，透露出谪居江州的孤寂心情。诗人怀着真情实感抒写自己独特的感受，给人一种新颖别致，清新淡雅，别具韵味的感觉。

【巧借鉴】

触觉描写：暗指落雪已多时。

"已讶衾枕冷"，开篇先从触觉"冷"写起，一个"冷"字，暗点出落雪已多时。天气寒冷，诗人在睡梦中被冻醒，惊讶地发现盖在身上的被子已经有些冰冷。一般来讲，雪初落时，空中的寒气全被水汽吸收以凝成雪花，气温不会骤降，待到雪大，才会加重寒意。"讶"字，也是在写雪。诗人之所以起初浑然不觉，待寒冷袭来才忽然醒悟，皆因雪落地无声。这就于"寒"之外写出雪的又一特点。此句扣题很紧，感到"衾枕冷"正说明夜来人已拥衾而卧，从而点出是"夜雪"。

视觉描写：点出题旨。

"复见窗户明"，从视觉的角度进一步写夜雪。雪无声无息，只能从颜色、形状、姿态见出分别，而在沉沉夜色里，人的视觉全然失去作用，雪的形象自然无从捕捉，一个"明"字点出题旨。夜深却见窗明，正说明雪下得大、积得深，是积雪的强烈反光给暗夜带来了亮光。以上全用侧面描写，句句写人，却处处点出夜雪。

构思巧妙：透露诗人的孤寂心境。

"夜深知雪重"，这才知道夜间下了一场大雪，雪下得那么大，此句与下句用的是倒装方式，上句是果，下句是因，构思巧妙，曲折有致。诗人的感觉确实细致非常。此处的"夜深"与下文的"时闻折竹声"，显示出雪夜的宁静。这不只为了"衾枕冷"而已，更主要的是写出了诗人的彻夜无眠。

听觉描写：以有声衬无声，突显雪夜之静。

"时闻折竹声"，诗人通过积雪压折竹枝的声音，判断雪很大，而且雪势有增无减。这里仍用侧面描写，却变换角度从听觉写出。诗人不时听到院落里的竹子被雪压折的声响，他有意选取"折竹"这一细节，托出上文的"重"字，别有情致。这一结句以有声衬无声，使全诗的画面静中有动、清新淡雅，真切地呈现出一个万籁俱寂、银装素裹的世界。可与王维诗句"月出惊山鸟，时鸣春涧中"（《鸟鸣涧》）相媲美。

这首诗新颖别致，首要在立意不俗。咏雪诗写夜雪的不多，这与雪本身的特点有关。然而，富于创新的白居易正是从这一特殊情况出发，跳出人们通常使用的正面描写的窠臼，全用侧面烘托，依次从触觉（冷）、视觉（明）、听觉（闻）等几个层次叙写，一波数折，从而生动传神地写出一场夜雪来。

习作实践园

 老师教一教

　　小朋友，运用"五觉法"描写景物，是一种操作性很强的绘景方法。在观察景物时，首先，要学会调动多种感官，多侧面、多层次地反复描绘景物特征，其次，在描写时要注意围绕景物最主要的特点，把多种感官感受结合起来写。在描写的过程中，可以综合运用各种修辞手法，还要注意按一定的顺序描述，以使描写对象清晰完整，活灵活现，读来生动细腻，引人入胜。

【妙句呈现】

　　"吹面不寒杨柳风"，不错的，像母亲的手抚摸着你，风里带着些新翻的泥土的气息，混着青草味儿，还有各种花的香，都在微微润湿的空气里酝酿。鸟儿将巢安在繁花嫩叶当中，高兴起来了，呼朋引伴地卖弄清脆的歌喉，唱出婉转的曲子，跟清风流水应和着。牛背上牧童的短笛，这时候也成天嘹亮地响着。

——选自朱自清《春》

【妙句赏析】

　　《春》是一篇满贮诗意的散文。朱自清先生以诗的笔调描绘了我国南方春天特有的景色：绿草如茵，花木争荣，呈现一派生机和活力；人们精神抖擞，辛勤劳作，充满希望。

　　作者在描写春风时，从触觉、嗅觉、听觉三个角度突出春风和煦与清新的特征。文章先从触觉角度写春风的和煦。作者引用"吹面不寒杨柳风"，既写出了春风的温暖，又写出了春风的柔和；接着用一个比喻句，"像母亲的手抚摸着你"，更巧妙地写出了春风的温暖与柔情。再从嗅觉角度写春风特有的芳香。春风本身是无味的，但"新翻的泥土的气息"，再"混着青草味，还有各种花的香"，这就使得春风中带着一种特有的芳香了。最后从听觉角度写春风吹送的悦耳的声音。作者写了春天里特有的几种声音——清脆、婉转的鸟的歌声，轻风的声音，流水的声音，牛背上牧童嘹亮的短笛声，演奏了一支非常动听的春天交响曲。作者从不同感觉写来，把难以捉摸的无形、无味的春风写得有形、有味、有声，有情又有感。

春　天

刘明美

　　当春带着她特有的新绿，海一样地漫来时，能让人心醉；当春携着她特有的温煦，潮一样地涌来时，也能让人断魂。

　　春，绝对是一桢浸染着生命之色的画布。

　　新绿、嫩绿、鲜绿、翠绿，满眼的绿色呀，温柔着我们的视线。还有那星星般闪动的一点点红、一点点黄、一点点粉、一点点紫呀，惊喜着我们的目光。

　　于是，我们开始在春天漫步。

　　踩在她松软的泥土上，才知道生命的温床可以如此地平实。只要季节的老人飘然而至，所有沉睡的种子，都可以在这里孕育，并赋予生命一种变换的姿态。

　　春，绝对是一幅饱蘸着生命繁华的画卷。

　　无论是破土而出的，还是含苞待放的；无论是慢慢舒展的，还是缓缓流淌的；无论是悄无声息的，还是莺莺絮语的，只要季节老人把春的帷幕拉开，他们就会用自己独特的方式，在这里展现自然神奇的活力。

　　于是，我们开始在春天漫游。

开门见山，亮明写作对象——春天新鲜、蓬勃、温暖的特点。

小作者运用拟人、比喻等修辞手法形象地描绘出视觉的感受。

动词"踩"、形容词"松软"用语准确。此句将泥土比喻为温床，蕴含哲理。脚踏实地、亲近泥土方可体验到孕育生命之春的温暖。

承接上文阐述春的繁华。生命的各种姿态在春的滋养下焕发活力，装扮异彩纷呈的春天。

披着柔媚的春光，让略带甜意的风，从身边掠过。张开嘴，从口腔到腹腔都是香甜的。这时你会领悟到在春的气息里，其实包含着一种最令人感动的柔情。也会觉得大自然是一位奇特的母亲，她竟选择在万物萧条的冬的尽头，将千姿百态的生命孕育而出，让它们踏着那最为柔媚的第一缕春光，相拥而至，把无限的生机带给世界万物。

春，也是一个彰显着生命神奇的画廊。

春天是多姿多彩的，沉静的是湖蓝，纯洁的是乳白，高贵的是米黄，热烈的是大红，典雅的是银灰，庄重的是墨黑……缤纷的色彩把温煦的春日画满了。清香的雏菊、馥郁的郁金香、甜甜的山茶花……芬芳的香气把幽幽的庭院溢满了。知了的聒噪、蚊蚋的低吟、鸟声的婉转……丰富的声音把轻飘的空气充满了，这就是春的神韵。

你看，每一种生命都有自己特定的形态，而每一种特定的形态，都包含着特定的生命信息。无论是生在富饶的家园，还是长在贫瘠的沙土，所有在春天萌生的万物，都用自己独特的方式，用尽全部的热情，谱出一曲生命的颂歌。

恍惚之中我仿佛变成了花丛中的一朵，露珠中的一滴，群鸟中的一只，阳光中的一缕，我的魂灵飘起，似旷野的鸟儿在蓝天中翱翔，拍打着翅膀，在更深远的天空中自由飞翔。

描绘春风给人的感受，运用通感，将触觉化为味觉，突出风的"香甜"。

视觉描述春之艳丽，嗅觉描述春之芳香，听觉描述春之声音。多角度强调春的蓬勃。

使用排比、比喻的修辞手法描写春天带给"我"的体验，让"我"陶醉沉迷、飘飘欲仙。

这就是春，因萌生在这里的生命的齐奏，让我真真切切感受到一种神奇的美丽。

结尾升华主题，赞美春天。

【导师点评】

结构分明，层层递进。以"春，绝对是一帧浸染着生命之色的画布""春，绝对是一幅饱蘸着生命繁华的画卷""春，也是一个彰显着生命神奇的画廊"这三句建构文章骨架，逐层推进赞美春天。

采用"五觉法"表达浓烈情感。文章采用"五觉法"，使读者在小作者不同的感受中，体会春天的美丽、纷繁多姿。从而多角度地赞美春天。

夏日的早晨

巩莫菲

夏雨，忽急、忽缓、忽飘、忽洒地下了一夜，终于在黎明即将来临之际，悄然停了下来。雨后初晴，碧空如洗。我带着浓浓的兴致，信步踏上了我家房后那曲折幽深的山径。

四周满溢着泥土的芬芳，混杂着草香、花香，使人精神为之一振。那些圆圆的、亮亮的、润润的露珠，像散落的珍珠，像满天星斗，挂在树枝上和草叶上，闪闪烁烁，熠熠生辉。走不多远，我的衣襟已湿漉漉的了，真可谓"道狭草木长，朝露沾我衣"呀！

到处都是绿色。正如王安石所言："川原一

运用视觉、听觉感受写出雨的速度、雨的形态。并交代所写山林之晨出现的背景。

嗅觉描写。写山林清晨之香。

触觉描写。写雨后草木上的露珠很多，并用东晋诗人陶渊明的诗句自然恰切片绿交君，深树冥冥不见花。"松树的苍绿，柳树的碧绿，小草的嫩绿，都会让人赏心悦目。

树林中的歌唱家——小鸟，倏地一下，从一个树枝飞到另一个树枝，抖落了颗颗"珍珠"，愉快地跳着、唱着。那叫声，时而婉转，时而酣畅，使人为之陶醉。或许因为"鸟鸣山更幽"的缘故吧，此时的山林愈发清幽了。

晨雾似乳白色的薄纱，如梦、如幻、如诗、如画，挥不走，扯不开，斩不断，挡住了我的视线，我有一种飘飘然乘云欲飞的感觉。山披着雾，雾笼着山，绿色透着白色，白色浸着绿色，如同挂着白霜的绿葡萄，又好似典雅清秀的山水画。

莽莽苍山似乎还在酣睡，渐渐地，群山就像一个个娇美的维吾尔族少女，揭开层层洁白的面纱，脸颊飞起了一抹淡淡的红云。然后脱去白纱，换上了淡黄的缀着珍珠的衣裙。那珍珠太小了，又太多了，有的地方是亮晶晶的一片，折射着一抹阳光，闪动着美丽的光泽。

我不由地注目凝望，看着看着，群山已悄然无声地穿上了深绿色的长裙，霞光围绕着她美丽的身躯，为她镀上了一圈金色的光晕……

露珠也似乎惊诧于眼前的景色，悄悄地溜到别处游玩去了，地上留下了它们的痕迹，湿湿的，润润的。透过枝叶的间隙，霞光执拗地照在我的脸上、身上。

地感谢露水对我的"恩赐"。

鸟鸣声清脆悦耳，听觉之美。

视觉描写。写晨雾，用比喻的修辞手法强调雾之美——梦幻之感，创造出神秘的仙境，让人与尘俗隔离。

视觉描写。写日出景象，从颜色角度展现动态变化之美。

视觉描写。写初升的太阳将晨雾扯成

· 114 ·

山林上空的晨雾已不见了，而山林之中，却流动着烟波，薄薄的一层，长长的一缕，浓浓的一团，我似乎置身于仙境之中，不禁陶醉了。这时，一束阳光斜射着我的眼睛，我眯起眼来，望着这阳光的恩赐，心里涌起一种庄严、圣洁的感觉。

此时此刻，在这静寂的山林中，我激动不已，我想高歌，我想吟诵，我想欢呼，我想雀跃。哦，不！何必破坏这份属于山林的清幽呢？只要尝一尝那树上挂着的野果，深深吸一口那甜甜清新的气息，就足够了。还有，在心底高喊一声：我爱你，夏日的早晨！

"一层""一缕""一团"，光雾交织，明暗辉映，美不胜收。

结尾以反问强化情感，山林之晨值得人类呵护，这体现了人类需要在嘈杂尘俗中寻找一种诗意的栖息之地，感受自然之美，知足莫贪，呵护而不去破坏。

【导师点评】

　　合理选取意象，描摹细腻。小作者通过调动多种感觉精心描绘露珠的晶莹、草木色彩的层次感、小鸟的欢唱、晨雾的飘逸、群山的娇美、日出的灿烂等山林中有特征的景物，展示出山林之晨的魅力。

　　运用多种修辞手法，语言极富表现力。除了运用比喻、拟人等修辞手法，小作者还引用诗词，增强文章的文化厚重感与美感。

我来显身手

　　小朋友，一年四季，春夏秋冬，万物变化，千姿百态。我们要写好春夏秋冬，必须注意不同的季节特征，写出它们的明显差异。如春天的冰雪融化、草木吐绿、百花盛开；夏天的骄阳似火、天气炎热、荷花吐芳；秋天的秋高气爽、田野多彩、果实喜人；冬天的冰天雪地、寒气袭人、万物枯萎。本次习作的内容是选择春夏秋冬中的一个季节，运用"五觉法"写下它独特的美，题目自拟，字数在800个以内。

教师评语：_____

_____。

家长评语：_____

_____。

好词大搜索

描写景物色彩的词语：

五颜六色	万紫千红	姹紫嫣红	大红大紫	五彩缤纷	一碧千里
花红柳绿	青翠欲滴	绿水青山	绚丽多彩	绿草如茵	白雪皑皑
残阳似血	红花绿叶	银装素裹	绿树成荫	色彩斑斓	红日高照
绿意盎然	一碧万顷	红叶似火	碧波荡漾	五光十色	斑驳陆离

描写景物形态的词语：

漫天大雪	玉树琼花	明月如镜	繁星点点	层林尽染	叠翠流金
风平浪静	天高云淡	风和日丽	枝繁叶茂	火树银花	蟹肥菊黄
奇峰罗列	汹涌澎湃	波澜壮阔	蓓蕾初绽	骄阳似火	万木葱茏

状物篇

民间美食

▶ 了解古诗大意，感悟诗人在诗中表达的思想感情。

▶ 学习"以小见大"的写作手法。

我爱古诗文

小朋友，一听到"美食"这个词，你的口水是不是已经"飞流直下三千尺"了呢？俗话说民以食为天，我国几乎每个地域都有自己的美食。你看，北京的烤鸭、西安的羊肉泡馍、内蒙古的小肥羊、云南的过桥米线、山西的刀削面……从宴会上的正餐大菜到街头村边的风味小吃，可以说举不胜举。我们除了可以通过美食的"色、香、味、形"描述它的特征外，还可以运用"以小见大"的写作手法来挖掘它背后蕴藏的文化底蕴与人生哲理，让小小食物代表的不仅仅是满足口腹的寻常物，更是一种文化与启示。

"以小见大"是指从小的方面可以看出大的方面，指通过小事可以看出道理，或通过一小部分看出整体。简而言之，"以小见大"就是通过小题材、小事、小细节、小部分、小物件、小人物等来反映大主题，从而小中寓大，以小胜大，为读者提供更广阔的想象空间。

我们通过《诗经》里的诗作《小雅·瓠叶》和宋代词人苏东坡的词作《浣溪沙（细雨斜风作晓寒）》，学习运用"以小见大"的写作技巧，以便让读者获得丰富的联想，悟出更深刻的道理。

佳篇点击

小雅 瓠①叶

［先秦］佚名

幡幡②瓠叶，采之亨③之。君子有酒，酌④言⑤尝⑥之。

有兔斯⑦首⑧，炮⑨之燔⑩之。君子有酒，酌言献⑪之。

有兔斯首，燔之炙⑫之。君子有酒，酌言酢⑬之。

有兔斯首，燔之炮之。君子有酒，酌言酬⑭之。

【词释义】

①瓠（hù）：葫芦科植物的总称。

②幡幡（fān）：翩翩，反复翻动的样子。

③亨（pēng）：同"烹"，煮。

④酌：斟酒。

⑤言：助词。

⑥尝：品尝。

⑦斯：语助词。

⑧首：头，只。一说斯首即白头，兔小者头白。

⑨炮（páo）：将带毛的动物裹上泥放在火上烧。

⑩燔（fán）：用火烤熟。

⑪献：主人向宾客敬酒曰献。

⑫炙：将肉类在火上熏烤使熟。

⑬酢（zuò）：回敬酒。

⑭酬：劝酒。

【悟诗意】

　　瓠叶翩舞瓠瓜香，采来做菜又煮汤。君子家中有美酒，主人举杯先自尝。

　　野兔肉儿鲜又嫩，或煨或烧味道鲜。君子家中有美酒，斟来敬向客人献。

　　野兔肉儿鲜又嫩，或烧或烤香喷喷。君子家中有美酒，宾客斟来敬主人。

　　野兔肉儿鲜又嫩，又是烧来又是煨。君子家中有美酒，宾主共同干一杯。

【表诗情】

　　《小雅·瓠叶》是我国古代第一部诗歌总集《诗经》中的一首诗，是一篇客人受到主人热情接待后的即兴之作。全诗四章，每章四句。第一章言初宴，第二章言献酒于宾，第三章言客人回敬主人，第四章言主客互相劝酒。此诗语言明白如话，再三反复咏唱，字里行间洋溢着写不尽的情意。

　　"幡幡瓠叶，采之亨之。""有兔斯首，炮之燔之。""有兔斯首，燔之炙之。""有兔斯首，燔之炮之。"客人来了，好客的主人恨不得倾其所有以款待登门的宾朋，但本诗突出菜肴之简约，可谓独树一帜。客人来了，你看我屋前檐下，瓠子叶片正是鲜嫩肥厚之时，风吹来翩翩飘动，我采来烹制一盘小菜，还有那刚刚做好的兔子肉，咱们喝两盅吧。于是宾主二人对饮起来。

"君子有酒，酌言尝之。""君子有酒，酌言献之。""君子有酒，酌言酢之。""君子有酒，酌言酬之。"菜肴寡，美酒补，席间的宾主并不因为菜肴简约而少了礼仪和兴致，他们在你来我往的觥筹交错中礼至且意切。说到饮酒，大有学问。诗中着重渲染了宾主之间相互敬酒的热情场面：主人全家捧出陈年老酒，一个劲地招呼宾客就座，开始主人先给自己倒满一杯酒，也给客人倒满了酒；接着主人通过简单的开场白，恭恭敬敬地请客人品尝；主人再次向客人敬酒，殷勤地欢迎客人的到来；之后客人回敬主人，真诚地感谢主人一家盛情款待。当饮酒进入高潮期，接近尾声时，主客高举酒杯，相互祝愿一饮而尽。

宾主欢宴的场面，作者仅用"尝之""献之""酢之""酬之"四个动词就入木三分地表现了出来，让我们充分领略了古代人充满生活情趣的酒礼、酒道、酒风。井然有序中透露出热烈欢快的气氛，你来我往地敬酒，频频地推杯换盏，吃得津津有味，让我们不由得也想加入其中，与他们共同快乐一番。

【收藏夹】

这是一首描述普通人家热情待客的小诗。让我们仔细地看一看主人待客的餐桌上都有些什么菜肴吧！数过来数过去，只有一盘清炒新鲜瓠叶，还有一只碰巧捕到的野兔。菜肴的粗陋和简约可见一斑。但瓠叶"亨"之，酒且尝、且献、且酢、且酬，兔肉或炮、或燔、或炙，变化烹调手段，却使单调而粗简的原料变成诱人的佳肴，光凭想象，一桌子色香味俱全的菜肴即浮现于眼前了。

就是这一只野兔，主人家还反复三次掂量到底是怎么吃：是褪毛爆炒呢？还是烤？或者是熏？或者是裹上泥巴扔进火里煨？主妇最后痛下决心：

一半烤来一半煨。一只兔子用四分之三的篇幅反复吟唱，可见主人的心思费尽。因为不丰盛，所以才如此大费周折，煞费苦心，大展厨艺。一兔三吃，不简单哩！由此也可见其待客之情真，之慷忙。

　　一盘瓠叶，一只野兔，一杯薄酒，却胜似山珍海味、鱼翅燕窝。宾主对坐欢饮，情深义重，场面热闹！菜肴虽简薄，但因是君子之交，所以肴简而礼备，酒薄而情深。从主人并没有以微薄而废礼，而是情真意挚地"采之亨之"，并取酒相待这一举动中，以小见大地可以看到礼仪之邦所独有的尚礼民风和谦虚美德，体现了"物虽薄而必与宾客共之"的同乐思想，以及中华民族悠久的饮食文化传统和文明礼仪。

好词大搜索

描写食物美味的词语：

芳香四溢	香飘十里	沁人心脾	香味扑鼻	口齿留香	满口清香
回味无穷	津津有味	意犹未尽	色味俱佳	五味俱全	八珍玉食
垂涎欲滴	山珍海味	珍馐佳肴	垂涎三尺	饕餮大餐	美味佳肴

描写食物口感的词语：

香脆可口	咸甜适中	甘脆爽口	酸甜可口	清爽可口	质嫩爽口
麻辣鲜香	香甜软糯	软嫩滑爽	入口即溶	酥脆香口	爽滑酥嫩
肥而不腻	香糯爽滑	脆嫩可口	酸甜苦辣	鲜美多汁	肉质鲜美

读诗学写作

诗文扫一扫

浣溪沙①

[宋] 苏轼

元丰七年十二月二十四日，从泗州刘倩叔②游南山③。

细雨斜风④作晓寒，淡烟疏柳媚⑤晴滩⑥。入淮清洛⑦渐漫漫⑧。

雪沫乳花⑨浮午盏⑩，蓼茸⑪蒿笋试春盘⑫。人间有味是清欢。

【词释义】

①浣溪沙：本唐教坊曲名，后用作词牌。

②刘倩叔：名士彦，泗州人，生平不详。

③南山：在泗州东南，景色清旷，宋代米芾称其为淮北第一山。

④细雨斜风：唐代诗人韦庄的诗作《题貔黄岭官军》中有："斜风细雨江亭上，尽日凭栏忆楚乡。"

⑤媚：美好。此处是使动用法。

⑥滩：十里滩，在南山附近。

⑦洛：洛河，源出安徽定远西北，北至怀远入淮河。

⑧漫漫：水势浩大。

⑨雪沫乳花：谓午间喝茶。形容煎茶时上浮的白泡。宋代人以将茶泡制成白色为
　贵，所谓"茶与墨正相反，茶欲白，墨欲黑"。

⑩午盏：午茶。

⑪蓼（liǎo）茸：蓼菜嫩芽。

⑫春盘：旧俗，立春时用蔬菜水果、糕饼等装盘馈赠亲友。

【知诗人】

苏轼（1037-1101）　北宋文学家、书画家、美食家。字子瞻，号东坡
居士。眉州眉山（今属四川）人。一生仕途坎坷，学识渊博，天资极高，诗
文书画皆精。其文汪洋恣肆，明白畅达，与欧阳修并称"欧苏"，为"唐宋
八大家"之一；诗清新豪健，善用夸张、比喻，艺术表现独具风格，与黄庭坚
并称"苏黄"；词开豪放一派，对后世有巨大影响，与辛弃疾并称
"苏辛"；书法擅长行书、楷书，能自创新意，用笔丰腴跌宕；画学文
同，论画主张神似，提倡"士人画"。代表作《念奴娇·赤壁怀古》《江城
子·密州出猎》等。著有《东坡七集》和《东坡词》等。

【悟词意】

细雨斜风天气微寒，淡淡的烟雾，滩边稀疏的柳树似乎在向刚放晴后的
沙滩献媚。眼前入淮清洛，亦仿佛渐流渐见广远无际。乳色鲜白的好茶伴着
新鲜的野菜。人间真正有味道的还是清淡的欢愉。

【表词情】

词的上片写早春景象，下片写词人与同游者游山时以清茶野餐的情景。
词作充满春天的气息，洋溢着生命的活力，反映了词人对现实生活的热爱和
积极进取的精神。

【巧借鉴】

景色描写：传达出词人喜悦的心声。

"细雨斜风作晓寒，淡烟疏柳媚晴滩。入淮清洛渐漫漫"，词的上片写沿途景观。第一句写清晨，风斜雨细，瑟瑟寒侵，这残冬腊月是很难耐的，可是词人却只以"作晓寒"三字出之，表现了一种不大在乎的态度。第二句写将近中午时的景物：雨脚渐收，烟云淡淡，河滩疏柳，尽沐晴晖。一个"媚"字，极富动感地传出词人喜悦的心声。词人从摇曳于淡云晴日中的疏柳，觉察到萌发中的春潮。于残冬岁暮之中把握住物象的新机，这正是苏东坡逸怀浩气的表现。"入淮"句中的"清洛"，即"洛涧"，发源于合肥，北流至怀远合于淮水，距离泗州（宋治临淮）并不近。词中提到清洛，是以虚摹的笔法，眼前的淮水联想到上游的清碧的洛涧，当它汇入浊淮以后，就变得浑浑沌沌一片浩茫了。

以小见大：食物形态、色泽描写显示词人审美意趣和人生态度。

"雪沫乳花浮午盏，蓼茸蒿笋试春盘。人间有味是清欢"，下片转写词人游览时享用的清茶野餐，及其欢快心情。前两句，词人抓住了两件有特征性的事物来描写：一盏乳白色的香茶和一盘翡翠般的蔬菜。两相映衬，便有浓郁的节日气氛和诱人的力量。"雪沫乳花"，是指煎茶时上浮的白泡。以"雪""乳"形容茶色之白，既是比喻，又是夸张，形象鲜明。"午盏"，指午茶。此句可说是对宋代人茶道的形象描绘。"蓼茸蒿笋"，即蓼芽与蒿茎，这是立春时特有的蔬菜。旧俗立春时馈送亲友以鲜嫩春菜和水果、饼饵等，称"春盘"。

下片的前两句绘声绘色、活灵活现地写出了茶叶和春菜的鲜美色泽，使读者从中体味到词人品茗尝鲜时的喜悦和畅适。这种将生活形象铸成艺术形象的手法，寄寓着词人清旷、闲雅的审美趣味和生活态度。"人间有味是清欢"，这是一个具有哲理性的命题，用于词的结尾，自然浑成，有照彻全篇之妙趣，为全篇增添了欢乐情调和诗味、理趣。在色彩清丽而境界开阔的生动画面中，给人以美的享受和无尽的遐思。

读诗学写作

　　小朋友，在运用"以小见大"写作技巧的时候，要注意对所写形象进行强调、取舍、浓缩，以独到的想象抓住一点或一个局部加以集中描写或延伸放大，"以小"是为了"见大"。"小"，是叙述、描写的焦点。"小"既是具体的事例，又是典型的事例。而"大"是文章的主题，以个别反映一般，以一些细小的、具体的事例来反映一个重大的主题。"以小见大"的特征是从细小的形象和故事里，能写出具有深邃隽永的意义，具有教育作用，反映一个重大的主题。

【妙句呈现】

　　从我能记事的日子起，我就记得每年农历十二月初八，母亲给我们煮腊八粥。

　　这腊八粥是用糯米、红糖和十八种干果掺在一起煮成的。干果里大的有红枣、桂圆、核桃、白果、杏仁、栗子、花生、葡萄干等，小的有各种豆子和芝麻之类，吃起来十分香甜可口。母亲每年都是煮一大锅，不但合家大小都吃到了，有多的还分送给邻居和亲友。

　　母亲说：这腊八粥本来是佛教寺院煮来供佛的——十八种干果象征着十八罗汉，后来这风俗便在民间通行。因为借这机会，清理橱柜，把这些剩余杂果煮给孩子吃，也是节约的好办法。最后，她叹一口气说："我的母亲是腊八这一天逝世的，那时我只有十四岁。我伏在她身上痛哭之后，赶忙到厨房去给父亲和哥哥做早饭，还看见灶上摆着一小锅她昨天煮好的腊八粥。

现在我每年还煮这腊八粥，不是为了供佛，而是为了纪念我的母亲。"

我的母亲是一九三〇年一月七日逝世的，正巧那天也是农历腊八！那时我已有了自己的家，为了纪念我的母亲，我也每年在这一天煮腊八粥。虽然我凑不上十八种干果，但是孩子们也还是爱吃的。抗战后南北迁徙，有时还在国外，尤其是最近的十年，我们几乎连个"家"都没有，也就把"腊八"这个日子淡忘了。

今年"腊八"这一天早晨，我偶然看见我的第三代几个孩子，围在桌子旁边，在洗红枣、剥花生，看见我来了，都抬起头来说："姥姥，以后我们每年还煮腊八粥吃吧！妈妈说这腊八粥可好吃啦。您从前是每年都煮的。"我笑了，心想这些孩子们真馋。我说："那是你妈妈们小时候的事情了。在抗战的时候，难得吃到一点甜食，吃腊八粥就成了大典。现在为什么还找这个麻烦？"

他们彼此对看了一下，低下头去，一个孩子轻轻地说："妈妈和姨妈说，您母亲为了纪念她的母亲，就每年煮腊八粥，您为了纪念您的母亲，也每年煮腊八粥。现在我们为了纪念我们敬爱的周总理，周爷爷，我们也要每年煮腊八粥！这些红枣、花生、栗子和我们能凑来的各种豆子，不是代表十八罗汉，而是象征着我们这一代准备走上各条战线的中国少年，大家紧紧地、融洽地、甜甜蜜蜜地团结在一起……"他一面从口袋里掏出一小张叠得很平整的小日历纸，在一九七六年一月八日的下面，印着"农历乙卯年十二月八日"字样。他把这张小纸送到我眼前说："您看，这是妈妈保留下来的。周爷爷的忌辰，就是腊八！"

我没有说什么，只泫然地低下头去，和他们一同剥起花生来。

——选自冰心《腊八粥》

【妙句赏析】

这是一篇纪念文章。周恩来总理逝世后，怀念的文章数以千计，各种形式层出不穷，而冰心女士的《腊八粥》别出心裁，通过人民群众代代相传的农历十二月八日煮腊八粥的风俗，抒发了三代人对敬爱的周总理的深切怀念。

冰心女士用"蕴含着温柔"的笔调，一直在文章中穿插着自己的感悟，抒写着母亲煮腊八粥的往事，她把腊八粥的色、香、味、形描绘得有声有色，很好地渲染了它的外在特征（这些细节活化了腊八粥的形象，为下面的揭示和深化主题做了铺垫）。然而拨动读者心弦的，不仅有往事的回忆，还有孩子们那"现在我们为了纪念我们敬爱的周总理，周爷爷"准备煮腊八粥的情景，更具有肃穆与天真的感人力量在里面。文章便这样以小见大，从小事物中折射出了大道理，从而揭示意想不到的主题，让主题达到深化的效果，使得感情表达得更加深厚、细腻、感人。

金牌例文榜

美味小笼包

李琳琳

　　我的家乡无锡是个"鱼米之乡"，风味小吃更是数不胜数：让人回味的酱排骨，味道鲜美的鸭血粉丝汤，让人垂涎三尺的小笼包……其中，我最喜欢的就是小笼包了。小笼包外表十分精致，小巧玲珑、皮薄肉嫩、热气腾腾、雪白晶莹……这是获取吃货们一见钟情的前提。

　　小笼包整体看上去是圆形的，上面小小的，像是一个生气的小姑娘撅着的嘴，又像是火山爆发口。小笼包刚出锅时，头顶犹如一朵盛开的花，喷发出阵阵香味。远看，小笼包又似一个沉重的包裹，给人一种想拆开来看看的欲望。打开"花朵"，美味的肉汁儿流了出来，香味立即飘散开来。红色的肉馅，雪白晶莹的面皮，再配上漂亮的盘子，真是让人陶醉其中了。

　　小笼包的皮是用精面粉擀制而成，所以薄。而肉馅是小笼包的精髓，需要花工夫，以上好的精瘦肉为馅，用新鲜的鸡汤煮肉皮取冻拌入提鲜，这样蒸出才会汁多味鲜。一般来说，热气腾腾的小笼包在上桌十分钟内食用最佳，虽然小笼包冷却以后可以再蒸着吃，不过那美味的汤汁就

家乡的风味小吃很多，独爱小笼包，开篇点题。

运用比喻的修辞手法，将小笼包比作"花朵"，形象生动，视觉写其形，嗅觉感其香。

用语严谨"一般来说""十分钟内"等词语介绍了小笼包

没有了。

　　吃小笼包可不同于普通的包子，往嘴里塞就可以大快朵颐。热气腾腾的小笼包，吃法还有点特殊的讲究。美味的汤汁是小笼包的精髓，一是不要浪费，二是小心喷溅烫嘴。通常可以先蘸点醋，再小心地在透明的皮边上咬破一个小口，轻轻地吮吸两口美味的汤汁后，再将小笼包入口咀嚼品味，风味绝佳。

　　终于可以品尝小笼包了！我想起一首小笼包歌谣："轻轻移，慢慢提，先开窗，后喝汤。"我便用筷子轻轻地夹住小笼包，小心翼翼地提了起来，生怕把皮捅破，那小笼包最精华的汤汁就漏光了。我在小笼包上咬了一个小洞，吹了吹，一吸，金灿灿泛着油花的汤汁便顺着喉咙流进了肚中。汤汁特别鲜，不过要小心汤汁烫到舌头哦。再把皮和肉放进嘴里，薄薄的皮上粘着一股肉的鲜味，真好吃啊。小笼包的皮十分顺滑，"滋溜"一下，就滑进肚子里了。吃完一个，让人忍不住想吃第二个、第三个……

　　小笼包要皮薄不漏、肉馅新鲜、口感紧致、汤汁浓香而不腻。喜欢吃小笼包的人各取所需，有的人喜欢吃馅，有的人喜欢喝汤汁，还有人喜欢嚼小笼包的皮，觉得有韧劲。一个美味的小笼包含有如此大的滋味，想不让人喜欢都难！

食用最佳时间。

　　重点说明美味汤汁之功效及具体吃法。

　　运用动作描写，写出"我"吃小笼包的过程，流露出"我"对此美味的珍视之情，为后文点明主旨蓄势。

　　小笼包吃出了大境界，大学问：快

伴随着生活节奏的加快，有些人只追求味道的刺激，追求品尝的速度，却忽略了品味美食的过程和心境。这是不是一种退化呢？若吃仅仅只是为了不饿着这一简单的目标，那么生活是否缺失了什么呢？

吃没滋味，慢吃出美感。如同人生需要的是内心反复咀嚼的慢过程，不是急于求成的快、比、拼。以小见大，深化主题。

【导师点评】

运用多种修辞手法，使形象生动有趣。用"像是一个生气的小姑娘撅着的嘴，又像是火山爆发口"的比喻形象描绘小笼包的尖圆之状。

描写细腻，以小见大突出主题。拌馅、喝汤、吃小笼包等细节描写富于画面感，体现了小作者细致的观察能力。文章结尾主题的升华并不突然，通过对小笼包的做法、吃法的细腻描写，为突出主题做好铺垫。

美味的麻婆豆腐

江山

俗话说"民以食为天"，我对这句话非常赞成。我可以封自己为"小小美食家"，因为我对美食颇有一番研究。光菜名，我就可以滔滔不绝地说出上百种。北京的烤鸭、内蒙古的小肥羊、西安的羊肉泡馍、山西的刀削面……在这么多香甜可口的美食中，最让我喜爱的，便是山城重庆的麻婆豆腐。

麻婆豆腐不仅吃起来麻辣鲜香，而且颜色五

开头点题，指出麻婆豆腐是"我"最喜爱的美食。

彩缤纷。嫩白的豆腐丁排着整齐的队站在盘中，穿上用鲜红的辣酱做成的"衣服"，看上去火红火红的一片，就像一团熊熊燃烧的红色火焰。中间还夹杂着一些外酥里嫩的肉末。绿色的葱花散落在盘中，如同一片片绿叶。沾着辣酱的豆腐丁成了一朵朵盛开的红花，在绿叶的映衬下显得格外引人注目。不时从盘中散发出一阵阵诱人的香味，真令人垂涎三尺！

麻婆豆腐的做法其实非常简单：把豆腐切成一个正方形的小块，让它们一个个"跳"入热气腾腾的水中热热"身"，再把它们捞出来，一会再用。接着，把肉切成极小的块状，用植物油把肉块炒酥。然后，向热锅里倒入适当的油，油热后，向油中放入事先准备好的干辣椒、花椒和姜片，等油热到七、八十度时放入豆腐丁，加上适量的淀粉，翻抄几下，再加入适当的盐、黄豆酱、豆瓣酱、香菜，点上一点白酒，最后用小火慢慢烧两分钟，在快起锅时加入少许的味精，这道色香味俱佳的麻婆豆腐就做成了！

吃麻婆豆腐也是很有讲究的。吃时，先夹上一块豆腐，多蘸一些盘中的辣酱，把它轻轻地放入嘴中，麻麻的、辣辣的，还没来得及细嚼，便一溜儿滑进了喉咙。虽没细细地品尝，留在口中的味道却是怎么也忘不掉的。我吃的时候，喜欢先把豆腐上的辣酱舔一舔，顿时，辣酱的麻和辣

连用多个拟人、比喻的修辞手法，形象生动地描述了麻婆豆腐形色俱美，香味诱人。

介绍麻婆豆腐的制作流程，过程描述细致且有条理。

通过描写品尝麻婆豆腐时的动作、感

味一下"扑"入嘴里，再吃豆腐，嫩嫩的豆腐从嘴里一过，顺滑爽口。这样的吃法，吃到了麻婆豆腐别具一格的风味。如果你幸运的话，还能够吃到一点点的肉末，外酥里嫩，进一步增添了麻婆豆腐的风味，起到了画龙点睛的作用。

受，强调了麻婆豆腐的诱惑力。让读者不由得也想一同品尝美味的麻婆豆腐了。

如果与山城重庆众多的风味小吃做比较，麻婆豆腐似乎并不那么"出类拔萃"，但也颇有"待到山花烂漫时，她在丛中笑"的韵致。这似乎正是麻婆豆腐真正的"魅力"所在——不十分出众，却十分独特。

通过做比较和引用诗句，使文章赋予了文化内涵，点明麻婆豆腐的奇特之处。

而这从麻到辣再到顺滑爽口的过程，像不像我们的人生呢？有些事情只要坚持到底，就一定能到达成功的彼岸，品尝到胜利的滋味。

一个反问由实入虚、由小见大，引出深刻的主题。

怎么样，听了我的介绍，你对麻婆豆腐有了一定的了解吧。它算不算是一道美味佳肴呢？唉哟，不跟你聊了，一盘麻婆豆腐出锅了，我这个"小小美食家"要去品尝品尝了！

结尾提问的问题不答自明，起到强调文题与主题的作用。

【导师点评】

两种人称变换使用，抒情自然，行文流畅。第二人称"你"便于作者与读者的交流，使用口语自由活泼。第一人称"我"将吃麻婆豆腐的经历写得详细具体，增加文章的真实性与可信度。

结尾揭示主题，富有感染力。此文最后两段，在揭示主题之后没有匆匆收尾，用给山城重庆麻婆豆腐做广告的形式，产生欲擒故纵之功效。

我来显身手

选择你喜欢的一种美味食品，介绍给读者。运用"以小见大"的写作技巧。写作时要注意突出它的色、香、味、形。题目自拟，字数在800个以内。

教师评语：_____

_____。

家长评语：_____

_____。

家乡特产

习作指南针

▶ 理解古文大意，了解作者是按照什么顺序介绍所写
   之物的。

▶ 学习按照一定说明顺序介绍物品的写作方法。

我爱古诗文

　　小朋友，家乡特产包括让人吃后唇齿甘甜的美味水果，珍贵的药品树种，以及驰名中外的工艺品，等等。你的家乡在哪里？都有什么特产呢？快来和大家分享一下你家乡的特产吧。

　　在写这一类的状物作文时，我们需要按照一定的说明顺序介绍所写之物。在介绍家乡特产时，在仔细观察的基础上，首先，要特别注意这件物品有什么突出的特点，包括它的外部特征、价值、用途等，即按事物的性质、功用、原理等顺序说明，切忌一笔带过。其次，要抓住重点来说明，例如对物品的各部分进行说明时，或以它的质地为重点，或以它的特点为重点，或以它的作用为重点。此外，说明物品的历史、特点或用途时要围绕全文的中心。只有把物品的这些特征描写得具体、有特点，才能给人留下鲜明、深刻的印象。

　　我们通过唐代诗人白居易的散文《荔枝图序》和宋代诗人黄庭坚的词作《品令·茶词》，学习按照一定说明顺序介绍物品的写作方法，从而使物品的形象更加具体、栩栩如生。

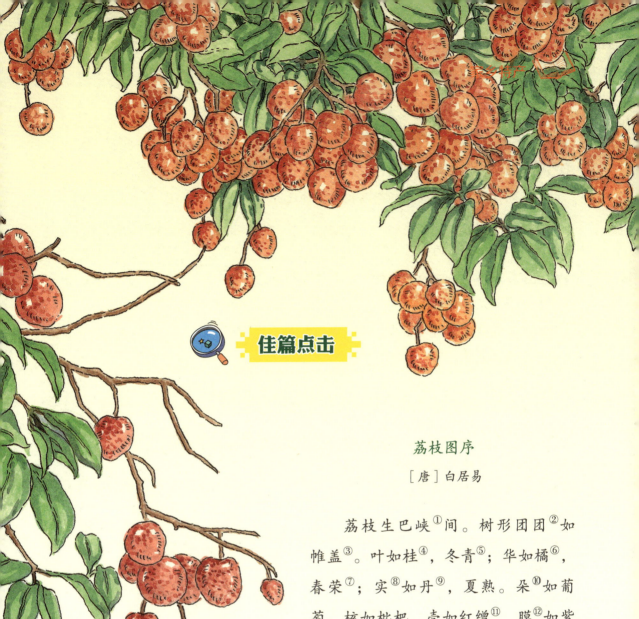

荔枝图序

[唐] 白居易

荔枝生巴峡①间。树形团团②如帷盖③。叶如桂④，冬青⑤；华如橘⑥，春荣⑦；实⑧如丹⑨，夏熟。朵⑩如葡萄，核如枇杷，壳如红缯⑪，膜⑫如紫绡⑬，瓤肉⑭莹白⑮如冰雪，浆液甘酸如醴⑯酪⑰。大略如彼，其实过之。若离本枝，一日而色变，二日而香变，三日而味变，四五日外，色香味尽⑱去⑲矣。

元和十五年⑳夏，南宾守㉑乐天命工吏㉒图㉓而书㉔之，盖为不识者与识而不及一二三日者云㉕。

【词释义】

①巴峡：指唐代的巴州和峡州，在今四川省东部和湖北省西部。这里作者只说"荔枝生巴峡间"，其实我国盛产荔枝的地方还有福建、杭州等地。

②团团：圆圆的。

③帷盖：四周带围帐的伞盖。

④桂：常绿小乔木，叶为椭圆形，与荔枝叶相似。

⑤冬青：冬天是绿色的。

⑥华如橘：花朵像橘树的花朵。橘，常绿乔木。华，通"花"。

⑦春荣：春天开花。荣，开花。

⑧实：果实。

⑨丹：朱红色，像丹砂一样。

⑩朵：这里指凝聚成的簇。

⑪缯（zēng）：丝织品的总称。

⑫膜：包在果肉表面的薄皮。

⑬绡（xiāo）：生丝织品。

⑭瓤肉：果肉。

⑮莹白：晶莹洁白。

⑯醴：甜酒。

⑰酪：奶酪。

⑱尽：都。

⑲去：消失。

⑳元和十五年：公元820年。元和，唐宪宗年号。

㉑南宾守：南宾郡太守。南宾，又名忠州（今重庆忠县）。

㉒工吏：在官府当差的工匠，这里指画工。

㉓图：画。

㉔书：写。

㉕盖为不识者与识而不及一二三日者云：是为没有见过荔枝和虽然见过荔枝但没有摘下一二三天的荔枝的人说的。识，认识，见过。

【知诗人】

白居易（772-846） 唐代诗人。字乐天，号香山居士。生于河南新郑，其先太原（今属山西）人，后迁下邽（今陕西渭南东北）。贞元进士，授秘书省校书郎。元和年间任左拾遗及左赞善大夫。后因上表请求严缉刺死宰相武元衡的凶手，得罪权贵，贬为江州司马。长庆初年任杭州刺史，宝历初年任苏州刺史，后官至刑部尚书。在文学上，主张"文章合为时而著，歌诗合为事而作"，是新乐府运动的倡导者。其诗语言通俗，有"诗魔"和"诗王"之称。和元稹并称"元白"，和刘禹锡并称"刘白"。有《白氏长庆集》传世。

【悟诗意】

荔枝生于巴郡三峡一带，树的形状圆圆的像车上的帷幕和篷盖；叶子像桂树叶，冬天是青色的；花像橘子的花，春天开放；果实像丹砂一般红，夏天成熟；众多果实聚在一起像葡萄；核像枇杷；壳如红色丝织品；膜如紫色的绸缎；果肉晶莹洁白像冰雪；浆液甜酸像甜酒和奶酪。大体的情况就如同上文所说，而它的实际情况比所说的还好。若果实离开树枝，一天颜色变了，两天香气变了，三天味道变了，四五天后，色香味全都没了。

元和十五年夏天，南宾太守白乐天让工吏作画并且亲自写下了这篇序，是为没有见过荔枝和虽然见过荔枝但没有摘下一至三天的荔枝的人说的。

【表诗情】

《荔枝图序》是白居易为画工所绘的荔枝图写的一篇序。散文的开头便从荔枝成熟写起，兴趣盎然地赞美鲜荔枝："树形团团如帷盖""叶如桂""华如橘""实如丹""朵如葡萄""核如枇杷""壳如红缯""膜如紫绡"，不遗余力地赞颂了荔枝的外表美和内在美，溢美之词鲜明，词语轻快，精彩绝妙，不同凡响，同时不仅描写出了吃荔枝的情调，而且突出了荔枝的营养价值。

但白居易写以上这些其实有其特殊的含意，他在有意无意之间托物寄兴，借物言情，似无寄托而寄托遥深。这篇《荔枝图序》看似寻常实则耐人寻味，最后一句"盖为不识者与识而不及一二三日者"，说明大部分人是没有见过荔枝的。确实，在当时，一般北方人是很难一睹荔枝芳容的，从侧面烘托出荔枝的珍贵和难得一见。要知道当年运输贡品荔枝的艰辛，只要皇上看中了荔枝，即使远隔千山万水也得按时送到，其辛苦程度可想而知。而因要保鲜，不得不经由海路运输，所以免不了遭受劳民伤财之灾。

【收藏夹】

本文按照一定的说明顺序介绍荔枝。白居易集中笔墨描写鲜荔枝，短短不到一百三十个字，不仅写出了荔枝的出处、外形、味道、价值、用途，而且还写出了摘下后短期内的变化情况。首句点明产地，接下来描绘荔枝的外形内质，从叶子、花朵、果实、内核、外壳，到内膜、果肉、浆液，次第井然，引人渐入佳境。当荔枝成熟时，果皮呈紫绛色，多皱，果肉呈半透明凝脂状，这里用"瓤肉莹白如冰雪，浆液甘酸如醴酪"来比况，不但形象逼真，而且能引发人们对它的色、形、味的联想，并有满口生津之感。

读诗学写作

 诗文扫一扫

品　令^①茶词

［宋］黄庭坚

凤舞团团饼^②。恨分破^③，教孤令^④。金渠^⑤体静^⑥，只轮慢碾，玉尘光莹。汤响松风^⑦，早减了二分酒病。　　味浓香永。醉^⑧乡路，成佳境。恰如灯下，故人万里，归来对影。口不能言，心下快活自省^⑨。

【词释义】

①品令：词牌名。

②凤舞团团饼：指龙凤团茶中的凤饼茶。团饼印有凤舞图案，北苑御焙产。龙凤团茶为宋代御贡名品，茶中之尊，名冠天下。

③分破：碾破磨碎。

④孤令：令同"零"，即孤零。

⑤金渠（qú）：指茶碾，金属所制。

⑥体静：静同"净"，指碾具干净。

⑦汤响松风：烹茶汤沸腾后发出的响声如松林风过。

⑧醉：说明茶也能醉人。一个醉字带出下面浪漫主义的想象。

⑨省：知觉，觉悟。

【知诗人】

　　黄庭坚（1045-1105）北宋诗人、书法家。字鲁直，号山谷道人、涪翁，洪州分宁（今江西修水）人。治平年间进士。早年以诗文受知于苏轼，与张耒、晁补之、秦观并称"苏门四学士"。又与苏轼齐名，世称"苏黄"。其诗多写个人日常生活，若干作品中表达个人的政治态度。在艺术形式方面，讲究修辞造句，追求奇拗瘦硬的风格。开创江西诗派，在宋代影响颇大。又能词，兼擅行书、草书，为"宋四家"之一。著有《山谷精华录》《山谷集》等。

【悟词意】

　　几只凤凰在凤饼茶上团团飞舞。只恨有人将茶饼掰开，凤凰各分南北，孤孤零零。将茶饼用洁净的金渠细心碾成琼粉玉屑，但见茶末成色纯净，清亮晶莹。加入好水煎之，汤沸声如风过松林，已经将酒醉之意减了几分。

　　煎好的茶水味道醇厚，香气持久。饮茶亦能使人醉，但不仅无醉酒之苦，反觉精神爽朗，渐入佳境。就好比独对孤灯之时，故人从万里之外赶来相逢。此种妙处只可意会，不可言传，唯有饮者才能体会其中的情味。

【表词意】

　　该词把词人当时日常生活中心里虽有而言下所无的感受、情趣表达得新鲜具体，既表现出词人对茶的喜爱之情，又蕴染着词人一腔念旧怀远的沧桑之感，巧妙贴切，耐人品味。

【巧借鉴】

　　形态描写：赋予茶以情感与生命，形象生动。

　　"凤舞团团饼。恨分破，教孤令"，上片开首即写茶之形态，茶是有双凤纹的茶饼。起笔"凤舞团团饼"，将茶写成有情感、有生命之物，能翩翩起舞。一个"恨"字，将龙凤团茶拟人化，形容烹茶前将茶饼掰开，犹如将茶饼上印有的双凤强行拆散。写出了"凤茶"的性灵与形态，有分离的痛感，着实传神。

　　质地描写：突出加工之精细，成色之纯净。

　　"金渠体静，只轮慢碾，玉尘光莹"，茶饼结构紧密，质地坚硬，用时必须碾碎。这三句形容加工之精细，成色之纯净。"玉尘光莹"描绘出茶末的清亮晶莹，如同琼粉玉屑。

　　烹制描写：调动听觉和感受。

　　"汤响松风，早减了二分酒病"，如此碾好，加好水煎之，听在耳里，一时水沸如松涛之声。煎成的茶，清香袭人。不须品饮，先已清神醒酒了。

　　功用描写：详述茶味、茶香、茶的功用。

　　"味浓香永。醉乡路，成佳境"，下片以"味浓香永"承接前后。写出茶味、茶香、茶的功用。茶味醇厚，故曰"浓"；茶香持久，故曰"永"；酒醉饮茶，不仅无醉酒之苦，反觉精神爽朗，故曰"成佳境"。

　　感受描写：加深对茶的认识、体味。

　　"恰如灯下，故人万里，归来对影。口不能言，心下快活自省"，词人以丰富的想象，把品茶的感觉比作旧友相逢之情，温馨无比。词人与茶的感情，如旧友万里归来，品茶时如同和朋友在灯下款语，如饮醇醪，可见其惬心之极，从而使茶的形象更为生动、鲜明。词中用"恰如"二字，明明白白是用以比喻品茶。其妙处只可意会，不能言传。词人稍加点染，添上"灯下""万里""归来对影"等字，意境又深一层。这样，词人就将风马牛不相及的两桩事，巧妙地与品茶糅合起来，将口不能言之味，变成人人常有之情。

"口不能言，心下快活自省"，谓饮茶之妙，只可意会，不可言传，只有饮者才能体会个中情味。这种不言其妙、其妙自观的表现手法，使读者对茶的认识、体味更加深化，欲知其味，须亲自品尝。

习作实践园

 老师教一教

　　小朋友，在介绍物品时，要抓住其特点来描写。如介绍蔬菜、水果、水产品等应重点介绍形状、颜色、味道，还可以介绍种类、产地、产量、营养价值方面的情况；介绍工艺品，应重点介绍形状、特点、构造、用途以及使用过程中应注意的问题等。在介绍时要合理构思，叙述时要有条理。写作过程中要抓住重点，详略得当，切忌不着边际的东拉西扯。

【妙句呈现】

　　砗（chē）螯（áo），我的家乡叫馋螯，砗螯是扬州人的叫法。我在大连见到花蛤，我以为就是砗螯，不是。形状很相似，入口全不同。花蛤肉粗而硬，咬不动，砗螯极柔软细嫩。砗螯好像是淡水里产的，但味道却似海鲜。有点像蛎黄，但比蛎黄味道清爽。比青蛤、蚶子味厚。砗螯可清炒，烧豆腐，或与咸肉同煮。砗螯烧乌青菜（江南人叫塌苦菜），风味绝佳。乌青菜如是经霜而现拔的，尤美。我不食砗螯四十五年矣。

　　砗螯壳稍呈三角形，质坚，白如细瓷，而有各种颜色的弧形花斑，有浅紫的，有暗红的，有赭石、墨蓝的，很好看。家里买了砗螯，挖出砗螯肉，我们就从一堆砗螯壳里去挑选，挑到好的，洗净了留起来玩。砗螯壳的铰合部有两个突出的尖嘴子，把尖嘴子在糙石上磨磨，不一会就磨出两个小圆洞，含在嘴里吹，呜呜地响，且有细细颤音，如风吹窗纸。

　　　　　　　　　　　　　　——选自汪曾祺《故乡的食物》

【妙句赏析】

　　《故乡的食物》集结了汪曾祺先生数百篇美食小文，该书主要讲述了关于故乡江苏的各类美食小吃，也抒发了作者对故乡的怀念。

　　在写砗螯的时候，汪曾祺先生先用花蛤肉与砗螯对比，凸显了砗螯的种种优点，同时介绍了砗螯的出处、味道、外观、颜色，让不明白这种食品为何物的读者，迅速从陌生到熟悉和接受。并让人了解到，这种食物的壳还可以作为玩具来打发时间。汪曾祺先生是一个美食家，他把自己做菜的经验用文字表达出来，让读者在欣赏文字的同时，可以学着做菜。这些是其他作家那里，不曾有的为文特点之一，也是读者喜爱他的文字的一个重要理由。

好词大搜索

描写水果的词语：

白里透红	晶莹透亮	果实肥硕	果香四溢	冰凉爽口	汁多味甜
瓜绿瓤红	颗粒饱满	香甜可口	清脆可口	又酸又甜	甜美无比
甘甜适口	余味无穷	果香诱人	果甜瓜香	果肥汁甜	果园飘香
硕果累累	藕断丝连	又苦又涩	披红抹绿	鲜嫩水灵	细腻柔软
汁甜肉脆	肉质鲜美	鲜红油亮	果汁甜蜜	缀满枝头	翠绿欲滴

形容物品精美的词语：

仙山琼阁	至善至美	精美绝伦	刻意求工	玲珑剔透	小巧玲珑
精益求精	雕梁画栋	金光灿灿	富丽堂皇	错落有致	别具一格
白璧无瑕	鬼斧神工	栩栩如生	尽善尽美	琳琅满目	描龙绣凤
琼林玉树	十全十美	天衣无缝	完美无缺	无与伦比	巧夺天工

金牌例文榜

故乡的莲藕

胡小杨

　　我的家乡兀洼镇，是个美丽而富饶的地方。那里山清水秀、人杰地灵、物产丰富，特产众多。有丰富的矿产资源——锡矿，有远近闻名的绿色饮品——绿茶，有营养价值高、补中益气的滇皂荚，还有稀有的特产小花鱼……但我独爱家乡的莲藕。

　　夏天到了，池塘里开满了亭亭玉立的荷花，那一朵朵粉红色的、白色的荷花在池塘中含笑怒放。一阵风吹过，一朵朵荷花犹如仙女下凡，婆娑起舞，真美啊！因此常常博得人们的赞叹。当秋天来临时，荷花凋谢了，池塘因没有了娇嫩的荷花，显得孤零零的。但你不知道荷花下面还有一块宝呢——莲藕。

　　莲藕是荷花的地下根茎。当那亭亭玉立，楚楚动人的荷花毫不掩饰地展现在人们面前时，莲藕正在水中不断地生长。到八九月份，荷花谢了，莲藕却上市了。

　　莲藕中间粗壮，两头细长，一节连着一节，像火车正驶向远方，也像中国传统武术里的兵器双节棍，还像一群手拉着手的胖娃娃，更像一串串水灵灵的冰糖葫芦。刚挖出来的莲藕脏兮兮的，

　　用举例子的说明方法介绍家乡丰富的物产，流露出对家乡的热爱和赞美。然后笔锋一转，落到情有独钟的说明对象上。

　　叙述与描写相结合，巧妙地介绍了莲藕的生活环境。

　　说明顺序由外而内。先介绍莲藕的形状、颜色，再介绍莲藕的内部结构。运用

全身都是黑泥巴，难看极了，把莲藕清洗干净后，莲藕恢复了它本来的面目，真是"出污泥而不染"呀！

削开莲藕的外皮，就会看到白色的、水灵灵的肉。用刀一切就会有一些小洞洞，像蜂窝，像鞭炮发射孔，像花瓣，像水管……你仔细看，就会发现莲藕分开的时候，有一些丝跟莲藕连在一起。这些细小的丝条像电影里的蜘蛛侠吐出的丝，像年纪大的老人的胡须，像妈妈的缝衣线。真是"藕断丝连"呀！太神奇了！

莲藕的吃法可真是五花八门。生吃，可将皮削掉再切成一片一片地吃，放到嘴里一咬，清甜爽口的汁水便随着舌头往下淌，顿时觉得清凉止渴，真是又脆又甜。熟吃，比生吃麻烦多了。先要在藕的一个个小孔里塞上糯米，然后把它煮熟。煮熟后的莲藕比较软，也比较酥，再蘸上白糖，又甜又香，这才够味儿呢！老人都说这样吃既营养丰富，还有益健康，治咳嗽。莲藕还可以做成藕粉，给那些没有牙齿的老年人吃清凉爽口。当然，莲藕还可以做成许多美味佳肴，如莲藕炒肉丝，炒莲藕丁……总而言之，叫你百吃不厌。

莲藕不仅能食用，而且可以当中草药用，它能主治吐血、便血等病，作用不小呢！

莲藕有着朴实无华的外表，它谦逊、低调，一心奉献，心无旁骛。它不张扬，不自夸，更不浮躁。

比喻的修辞手法，形象生动，如在眼前。并引用"藕断丝连"这个成语，更富有画面感。

分类别介绍莲藕的几种食用方法，并介绍食用莲藕的益处。

运用拟人的修辞方法表现了莲藕的精

它身上没有明星的标签，更没有给自己树碑立传，有的却是人类普遍的认可和赞美！

我爱莲藕，爱它那种不愿展示自己，终年埋在淤泥里，甘于寂寞，却无私奉献的精神！它平实淳朴，材料易得，风味独特，怪不得兀洼人自豪地说："吃了藕，天下走。"

神品质，传达对莲藕的称赞，给人以启迪。

结尾总结全文，并与开头相呼应，结构严谨。

【导师点评】

以说明为主，兼顾叙述与描写。多种表达方式的综合运用使文章不沉闷、乏味，趣味十足。尤其文末的议论，升华了主题，显示出立意的高远。

先分总结构合理，布局严谨。开篇以"我独爱家乡的莲藕"起笔，正文从莲藕的地上之花写到地下根茎，顺序合理，步步推进，最后又以"我爱莲藕"收笔，开合自如，结构严谨。

石 榴

马浩然

我可爱的家乡——怀远，是一个美丽、富饶的地方。怀远历史悠久，文化底蕴深厚。早在唐虞时代，怀远就是涂山氏国的聚居地，是淮河文化、大禹文化的重要发源地之一，素有"淮上明珠"美誉。家乡的特产数不胜数，怀远石榴、白莲坡贡米、芡河银鱼、涂山烧全鸡等名牌农产品享誉全国，倍受市场青睐。我今天要介绍的是

饱含深情地从家乡的历史文化谈起，增加文章的知识性。

举例说明家乡物产丰富，但众里挑一只突出说明对象石榴，从而点明文题。

古今中外人人皆知的家乡特产——怀远石榴。

石榴树的枝干是棕色的，很粗糙，像一个饱经风霜的老人脸上的皱纹。枝干有碗口那么粗呢！

春天，石榴树精神抖擞，长出一片片翡翠般的小嫩叶。叶子背面，如网般的叶茎有规律地给叶子输送养分。初夏，石榴树上长出一个个可爱的花骨朵，过些天，花骨朵变成了火红火红的花，又香又美。秋天，火红的花凋谢了，一个个小灯笼似的果实长了出来。果实的皮绿绿的，摸起来硬硬的，像一颗颗小弹珠。再过些天，一个个绿色的"小弹珠"变成了一个个红色的果实，它们你挨着我，我挨着你，就像一家人那样亲密无间。

熟透了的石榴，皮是红的，皮上面布满了许多褐色的斑点。它们有的像炸开的蚕豆，有的像哈哈大笑的孩子那张开的嘴。当你吃了没熟透的石榴，再吃别的东西时，牙齿会感到酸痛，因此没熟透的石榴最好别吃。

成熟的石榴又大又圆，黄里透红的皮油亮油亮，拿在手中硬得像石头，沉甸甸的。在它的头顶上有一个裂口，你知道这是为什么吗？我想啊，可能是因为石榴妹妹没有别的水果那样美丽诱人的外表，它希望自己也能引人注目，所以它就找了一朵精致的小花戴在头上装扮自己。你们没发现吗，头顶上戴小花的石榴妹妹还真是与众不同呢！

按照时间的顺序，介绍了石榴的生长过程。

小作者运用比喻、拟人、排比、反问等修辞方法，形象生动地介绍了石榴的外形。

石榴籽可爱极了。当你小心翼翼地剥开石榴的皮，展现在眼前的是一个奇异的世界。淡黄色的薄膜把石榴内部隔成了一间间别致的小屋子，前前后后，层层叠叠，像蜂窝一样，数也数不清。每间屋子里都摆着一颗颗晶莹剔透、小巧动人的石榴籽。每颗都被薄皮隔着，一颗颗白里透红，像一颗颗钻石紧紧地排列在一起，折射出迷人的光彩，令人馋涎欲滴。它们有的还呈现出淡淡的粉，就好像小女孩看见了陌生人似的，白净的脸蛋害羞地涨红了。此时，我的眼前仿佛是一张张微笑着的脸，在迎接刚接触到的另一个多彩的世界。"好高兴！"它们在欢笑。"好高兴！"它们在叫嚷。

> 运用比喻、拟人的修辞手法，介绍了石榴的内部构造。

每一粒石榴籽都是那么光滑圆润，饱满的果肉里包着白色的小种子。放入口中，轻轻一咬，感觉就像有一块冰块在嘴里突然间融化了，融化的汁水甜中有酸，酸中带甜，还微微带点涩味儿，十分鲜美可口。细细品味，那甜津津的味道，会一直甜到你心里。

> 小作者生动地介绍了石榴籽的味道。

石榴不仅清爽可口，而且还有药用价值。听妈妈说，石榴能治拉肚子、哮喘等疾病呢。可是吃石榴也有一个麻烦，就是吃一粒，就要吐一粒米大的核。看了我的介绍，你的口水是不是都快流出来了？赶紧去品尝一下吧，保证你回味无穷。

> 列举了石榴的药用功效。

石榴坚硬的外壳和钻石似的果肉层层地保护着延续后代的生命之种，不论你怎么挤压它，都伤害不到中间的种子。种子多，果肉也多，自然占据了很多空间。有些果肉也被挤压成了有棱的形状，可它仍无怨无悔地保护着种子。就像一位无私奉献的母亲尽自己所能看护着自己的孩子。好伟大的石榴！

由石榴延伸到母爱，使文章主题得到升华。

【导师点评】

综合运用多种修辞方法。这篇以状物为主的文章，语言生动，构思大胆，有独创性。小作者对石榴的生长过程描写是通过三个季节来写的，可见其在生活中对石榴有着颇多的关注，正是因为这种关注，才会写出这么详细、生动的文章。小作者有一双善于发现美的眼睛，对石榴美感的描述在他的笔下缓缓流淌。运用比喻、拟人等修辞手法既突出了小作者对石榴的喜爱之情，也使所写之物更加生动有趣。

请你向其他小朋友介绍一种家乡的特产，它可以是食品，如传统美食、街边小吃等；可以是农副产品，如水果、水产品等；也可以是工业产品，如工艺品等。确定好写作内容后，自拟一个题目。写作时按照一定的说明顺序介绍所写之物。可以先写它的外部特征，再写它的价值或用途等，让读者对你所介绍的产品有比较全面的了解。

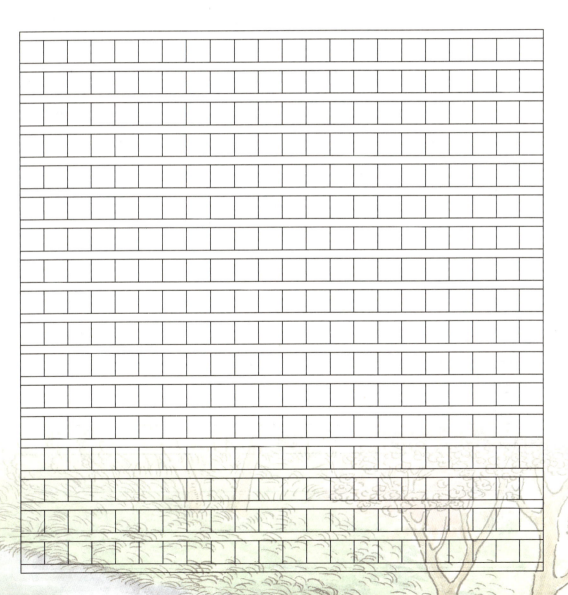

教师评语：_____

_____ 。

家长评语：_____

_____ 。

应用篇

建议书

习作指南针

▶ 了解古诗大意，结合重点词句体会诗人表达的思想
感情。

▶ 学习联系实际提出合理建议的写作方法，并学习写
作建议书的基本格式。

我爱古诗文

 老师的话

　　小朋友，建议书是个人或者单位有关方面为了开展某项工作，完成某项任务或进行某种活动而倡议大家一起做某项事情，或提出合理化的意见、建议时使用的一种常用书信，也叫意见书。建议书是应用作文的一种形式。其内容很广泛，如弘扬雷锋精神，开展精神文明活动，援助贫困山区孩子读书，关爱留守儿童及外来务工子女的公益活动等都可以写建议书。

　　我们通过唐代诗人所写的《金缕衣》和清代诗人龚自珍的《己亥杂诗》两首诗，学习怎样联系实际情况，合理地表达提出建议的原因、动机或者出发点，以及从实际出发，清晰地、有分寸地写明具体的建议事项。

佳篇点击

金缕衣^①

［唐］佚名

劝君莫惜金缕衣，

劝君惜取^②少年时。

花开堪^③折直须^④折，

莫待^⑤无花空折枝。

【词释义】

①金缕衣：缀有金线的衣服，比喻荣华富贵。

②惜取：珍惜。

③堪：可以，能够。

④直须：尽管。直，直接，爽快。

⑤莫待：不要等到。

【悟诗意】

不要爱惜荣华富贵，一定要爱惜少年时光。就像那盛开枝头的鲜花，要及时采摘。如果采摘不及时，等到春残花落之时，就只能折取花枝了。

【表诗情】

此诗含意很单纯，可以用"莫负好时光"一言以蔽之。这原是一种人所共有的思想感情。可是，它使得读者感到其情感虽单纯却强烈，能长久在心中缭绕，有一种不可思议的魅力。

"劝君莫惜金缕衣，劝君惜取少年时"，两句句式相同，都以"劝君"开始，"惜"字也两次出现，这是二句重复的因素。但第一句说的是"劝君莫惜"，第二句说的是"劝君惜取"，"莫"与"取"意正相反，又形成重复中的变化。这两句诗意又是贯通的。"金缕衣"是华丽贵重之物，却"劝君莫惜"，可见还有远比它更为珍贵的东西，这就是"劝君惜取"的"少年时"了。可是，世人多惑于此，爱金如命、虚掷光阴的真不少呢！

"花开堪折直须折，莫待无花空折枝"，第三句和第四句单就诗意看，还是"莫负好时光"的意思。上句说"有花"应怎样，下句说"无花"会怎样；上句说"须"怎样，下句说"莫"怎样，也有肯定否定的对立。二句意义又紧紧关联："花开堪折直须折"是从正面说"行乐须及时"意，"莫待无花空折枝"是从反面说"行乐须及时"意，似分实合，反复倾诉同一情愫，是"劝君"的继续。"堪折直须折"节奏短促，力度极强，"直须"比前面的"取"更加强调。这是对青春的大胆歌唱。这里的热情奔放，不但真率、大胆，而且形象、优美。"花"字出现两次，"折"字竟出现三次；自然构成回文式的复叠美。诵读起来就更使人感到回肠荡气了。

用花比喻少年好时光，用折花比喻莫负大好青春，既形象又优美，诗末句创造出"无花空折枝"这样的妙境就不足为怪了。没有一个悔字恨字，而"空折枝"三字却耐人寻味，富有艺术感染力。

【收藏夹】

诗人一共提出了三个建议：莫惜金缕衣、惜取少年时、花开堪折直须折。三个建议首尾连贯、掷地有声、一气呵成，叫人们不要重视荣华富贵，而要爱惜少年时光。为什么这样建议，诗句并未直说，但那却是不言而喻的："一寸光阴一寸金，寸金难买寸光阴"，贵如黄金也有再得到的时候，"千金散尽还复来"。然而，青春对任何人都只有一次，它一旦逝去是永不复返的。诗人一再"劝君"，用对白语气，致意诚恳，三个建议一否定、一肯定、一强调，告诉人们，错过青春便会导致无穷悔恨。可以说本诗劝喻人们要珍惜青春时光，也可以说是启示人们要及时建立功业，正因为它没有说得十分具体，反而更觉内涵丰富，让人深受启迪。

好词大搜索

表达积极提出意见和建议的词语：

知无不言	集思广益	和盘托出	畅所欲言	群策群力	博采众议
纳善如流	上书言事	不谋而合	志同道合	百家争鸣	标同伐异
不吝赐教	持平之论	莫衷一是	异口同音	各执一词	纳谏如流

读诗学写作

  诗文扫一扫

己亥杂诗

[清] 龚自珍

九州①生气②恃③风雷，
万马齐喑④究⑤可哀。
我劝天公⑥重⑦抖擞⑧，
不拘一格降⑨人才。

【词释义】

①九州：中国的别称之一。分别是：冀州、兖州、青州、徐州、扬州、荆州、豫州、梁州和雍州。

②生气：生气勃勃的局面。

③恃（shì）：依靠。

④万马齐喑：比喻社会政局毫无生气。喑（yīn），沉默，不说话。

⑤究：终究，毕竟。

⑥天公：造物主。

⑦重：重新。

⑧抖擞：振作，奋发。

⑨降：降生，降临。

【知诗人】

　　龚自珍（1792-1841）清代思想家、文学家。一名巩祚，浙江仁和（今杭州）人，道光进士。曾任内阁中书、宗人府主事和礼部主事等官职。主张革除弊政，抵制外国侵略，曾全力支持林则徐禁除鸦片。他的诗文主张"更法""改图"，揭露清代统治者的腐朽，洋溢着爱国热情。对后来思想界有相当影响。代表作有《病梅馆记》《己亥杂诗》等，今人辑为《龚自珍全集》。

【悟诗意】

　　中国要想生气勃勃就需要风雷激荡，这种万马无声的局面实在令人悲哀。我希望皇帝重新振作精神，不要局限于一种规格或方式去选用治国的人才。

【表诗情】

这是一首出色的政治诗。全诗层次清晰，以一种热情洋溢的战斗姿态，对清朝当政者以讽荐，表达了诗人心中对国家未来命运的关切和希望当政者能够广纳人才的渴望，具有很深刻的历史背景和很强的现实意义。诗人以祈祷天神的口吻，呼唤着风雷般的变革，以打破清王朝束缚思想、扼杀人才造成的死气沉沉的局面，表达了诗人解放人才，变革社会，振兴国家的愿望。

【巧借鉴】

描写现实：犀利道出对当时国势的看法。

"九州生气恃风雷，万马齐喑究可哀"，诗的前两句用了两个比喻，"万马齐喑"比喻在腐朽、残酷的反动统治下，人们不敢讲话，思想被禁锢，人才被扼杀，到处是昏沉、庸俗、愚昧，一片死寂、令人窒息的现实状况。诗人详尽地描写了万马齐喑，朝野噤声的死气沉沉的现实社会，"风雷"比喻新兴的社会力量，比喻尖锐猛烈的改革。"风雷"之上冠以"恃"字，表明挽救危亡，振兴国家，急风惊雷而外，别无他途，足以见出诗人的敏锐眼光和斗争精神。表明只有依靠一场急风惊雷，才能打破在清朝统治下，到处呈现着的为时已久的一片死气沉沉的局面。"万马齐喑究可哀"一句，深刻地表现了龚自珍对清朝末年死气沉沉的社会局面的不满，因此他热情地呼唤社会变革，而且认为这种变革越大越好，大得该像惊天动地的春雷一样。诗中选用"九州""风雷""万马""天公"这样的具有壮伟特征的主观意象，寓意深刻，气势磅礴。

提出建议：暗喻社会变革已经势在必行。

"我劝天公重抖擞"与下文"不拘一格降人才"是传诵的名句。诗人指出要改变这种沉闷、腐朽的现状，就必须依靠风雷激荡般的巨大力量才能使中国变得生机勃勃。诗人运用移花接木的手法，表现了他渴望砸烂

黑暗统治，出现一个崭新世界的愿望。"天公"，即玉皇，亦即世俗所谓老天爷。诗人揭露时弊，忽然就劝起老天爷来了，用民间迷信活动来为自己所要表达的思想感情服务。

诗人用奇特的想象表现了他热烈的希望，他期待着杰出人才的涌现，期待着改革大势形成新的"风雷"、新的生机，一扫笼罩九州的沉闷和迟滞的局面，既揭露矛盾、批判现实，更憧憬未来、充满理想。此诗独辟奇境，别开生面，呼唤着变革，呼唤未来。寓意深刻，气势不凡。

提出建议：奉劝朝廷破格荐用人才。

"不拘一格降人才"，"不拘一格"，充分表现了诗人开阔的胸怀、远大的目光，具有战略性的设想。当时的清政府，腐朽无能、内忧外患，特别是帝国主义侵略者，虎视眈眈，奴役中华民族、灭亡中国之心不死，瓜分中国的风潮迫在眉睫，要拯救暴风中破船似的中国，非有各方面的大批人才，中国才有希望。所以诗人劝天公重新振作精神，不拘一格降大批人才，共挽即倒的狂澜、将倾的大厦。"劝"字，颇具积极意义。它是奉劝，而不是乞求，显示出诗人变革的信心。

习作实践园

 老师教一教

小朋友，建议书的格式和一般书信大体相同，在写建议书的时候要注意以下几点：

☺ 标题：通常只写"建议书"三个字，有时为了突出建议的具体内容，可以写《关于×××的建议书》。题目要写在第一行的中间，字体要大些。

☺ 顶格称呼：提出的建议希望得到哪些人的响应，称呼就写哪些人。要写在第二行顶格，后面加冒号。下一行可加问候语。

☺ 正文：是建议书的具体的内容，从第三行空两格开始写。先写出现的问题是什么，再写提出建议的理由，最后写建议的具体内容。如果内容较多，可以分条写。结尾写祝福语。

☺ 署名：在正文右下角写出建议人的姓名，即提出建议的团体的名称或个人的名字。

☺ 日期：写在建议人姓名的下方。

 金牌例文榜

给同学们的建议书

李小盟

亲爱的同学们：

　　我们人类只有一个赖以生存的家园——地球，可这个原本十分美丽的家园现在却被我们弄

今昔对比，景致由美变丑，情感由喜

得面目全非，同时，也面临着各种各样的危险：水污染、空气污染、土地荒漠化、臭氧层稀薄、白色垃圾堆积、野生动物临危、能源减少……

是什么导致了这么严重的后果？是那些滥砍滥伐的人贪图眼前的经济利益；是那些毁坏山林的人只砍树换钱，却没有种树育林；是人们日益增长的一次性用品的需求：一次性筷子、一次性汤勺、一次性木碗……是人们胡乱挥霍，严重浪费资源的结果。这些都严重地影响了我国的森林植被！

如果我们再不行动起来，地球终将会被我们毁掉！为了保护我们的环境，拯救我们的家园，我建议大家做到以下几点：

1. 少用一次性物品。一次性物品的堆积，污染了土壤；一次性物品的焚烧，污染了空气；一次性物品的排污，污染了水源。所以，我们要尽量不使用一次性碗筷、塑料袋，买菜、购物多用布袋，以减少白色垃圾的堆积程度。

2. 植树造林。珍惜森林资源，尽量少使用珍贵木材制品。树木的绿色可以缓解视疲劳、制造氧气，树木还可以防止水土流失。所以，我们要多参加植树活动，定期管理自己种植的树木，为祖国的环保绿化事业做出我们小学生应尽的一点义务。

3. 节约用水，一水多用。淡水是我们人体必需的营养元素之一，可是淡水资源只占全球水资源总量的2.5%。所以，在日常生活中我们要使用

爱、快乐变为失落、悲伤。

回答疑问，几个"是"字句指明由于人类嗜利、浪费导致了严重的后果。一针见血，毫不含糊。

提出建议，并具体说明详细的措施及办法。从根本上解决问题。

节水型用具，做到随手关闭水龙头，在生活中不浪费任何一滴水。

4.保护濒危动物。现在，由于人们的偷猎，大量野生动物面临灭绝的危险。所以我们要保护濒危野生动物，拒绝猎杀、食用野生动物，保持生态平衡，让可爱的动物们成为我们的好朋友。

同学们，让我们从自己做起，从小事做起，伸出你的热情之手、爱心之手，共同保护我们的家园，保护我们的环境吧！我真心希望我们所有的人都能生活在一个树木葱茏、绿草如茵的美丽家园里。珍惜资源，保护资源，节约资源，人人有责。让我们从现在做起，从我做起，从点点滴滴做起，珍惜地球母亲赐予我们的一切自然资源，使我们的地球家园更加美丽……

　　此致

敬礼！

一名热爱大自然的小学生：李小盟

2018年12月10日

结尾提出呼吁，与开头相呼应。进一步强调建议书的中心思想。

【导师点评】

　　格式完整。标题必有"建议书"三个字；顶格称呼为被建议者；正文中分条列明建议的内容；结尾写祝福语，落款署名、日期在正文后下角。

　　建议逐条分说，多而不乱。先笼统指出问题，后提出建议的理由，最后写建议的具体内容，分条表述，一目了然。

给校长的建议书

闻 晴

尊敬的校长：

您好！

冒昧给您写这封建议书，请您在百忙中抽空看一看。您为我们呕心沥血，每天有很多事要做。在您的领导下，学校各项工作井井有条。但是，我觉得学校的管理工作在一些细节方面做得还不够细致规范，为了更好地创建省级规范化学校，我提出如下建议：

1. 每周给同学们多安排一到两节计算机课程。现在是信息时代，应该让同学们尽快掌握电脑知识，学会上网、查资料。通过网络，同学们可以了解到更多的知识。这就等于给同学们插上了接触社会、学习更多知识的翅膀。

2. 每周有固定的看电视、听音乐的时间。现在午休时间，许多同学无所事事，不是吵吵闹闹，就是你追我打。我建议中午休息时间打开教室里的电视机，让同学们看看新闻，了解世界和国家大事；课间听听音乐和歌曲，让同学们在放松心情的同时，多一些审美情趣。

3. 请教师与家长每天给孩子清理"心理垃圾"。现在的少年儿童心理成熟年龄早，国家疾控中心今年初公布的数据称，当前我国儿童心理精神障碍发病率为10%至20%。许多少年儿童受

围绕建议对象，先指出校长工作的成就，再提出自己的想法，评价中肯。从而引出下文建议。

从现实意义出发指明提出建议的积极意义。

到各种情绪障碍和行为问题的困扰，如厌学、叛逆、焦虑、多动等问题尤为显著。家长和学校不能只关注孩子的成绩，而忽略了他们心理上的需求。

4. 迁走学校门口的小商、小贩。我们学校90%的同学，都爱在学校门口买一些小吃和玩具，还把小吃包装和玩具袋子随便扔，吃完不卫生的小吃后，回家还闹肚子。这样不但影响到同学们的身体健康，而且也破坏了学校周边的环境。

5. 给每个年级多安排些课外活动。每隔一段时间安排一次课外活动，让同学们真正接近自然，放松身心，寓教于乐，健康成长。

尊敬的学校领导，希望您能采纳我的建议。衷心地祝愿母校越来越好。

此致

敬礼！

六（1）班：闻晴

2018年10月15日

> 先指明一些不良现象，再表达执行此建议的必要性。
>
> 用真实数据做论据，点明问题的普遍性和执行建议的必要性。
>
> 结尾祝福语表达个人的真诚祝愿。

【导师点评】

建议内容有详有略，理由充分。习作在指明建议原因方面，写作手法较为灵活，理由十分充分，为建议的必要性提供了依据。篇幅有长有短，错落有致。语言简洁明了，对于关乎青少年心理健康方面的建议十分中肯，显示出小作者对此问题的重视程度。

生活中还存在不少浪费资源和污染环境的现象，我们可以针对这些不良的现象，写一份建议书，提出自己的看法和建议，向有关部门反映。题目自拟，字数在800个以内。

教师评语：_____

_____。

家长评语：_____

_____。

演讲稿

习作指南针

- 了解古诗大意，感悟诗人在诗中表达的思想感情。
- 学习运用议论、抒情等表达方式，使演讲稿具有准确的针对性和强烈的鼓动性。

我爱古诗文

老师的话

  小朋友，演讲稿也叫演讲词，它是在较为隆重的仪式上和某些公众场合发表的讲话文稿，通常是发表个人的观点、见解和主张的文稿。演讲稿像议论文一样论点鲜明、逻辑性强，但它又不是一般的议论文。它是一种带有宣传性和鼓动性的应用文体，经常使用各种修辞手法和艺术手法，具有较强的感染力。它可以用来交流思想、感情，表达主张、见解；也可以用来介绍自己的学习、工作情况和经验等。演讲稿具有宣传、鼓动、教育和欣赏等作用，它可以把演讲者的思想感情传达给听众以及读者，使他们信服并在思想感情上产生共鸣。

  我们通过清代诗人郑燮的《竹石》和宋代词人李清照的《夏日绝句》两首诗，学习运用议论、抒情等表达方式，从而将生活中获得的各种体验和情感，真实地倾泻到演讲稿中，使演讲稿具有更高的感召力。

佳篇点击

竹 石①

[清] 郑燮

咬定②青山不放松,
立根③原④在破岩⑤中。
千磨⑥万击⑦还⑧坚劲,
任⑨尔⑩东西南北风。

【词释义】

① 竹石：扎根在石缝中的竹子。诗人是著名画家，他画的竹子特别有名，这是他题写在竹石画上的一首诗。

② 咬定：比喻根扎得结实，像咬着青山不松口一样。

③ 立根：扎根，生根。

④ 原：本来，原本，原来。

⑤ 破岩：破裂的岩石。

⑥ 磨：折磨，挫折，磨炼。

⑦击：打击。

⑧还：仍然。

⑨任：任凭。

⑩尔：你。

【知诗人】

郑板桥（1693-1765）清代书画家、文学家。名燮，字克柔，号板桥。江苏兴化人。早年家贫，乾隆进士，曾任山东范县、潍县知县，后以帮助农民胜讼及办理赈济得罪豪绅而罢官。做官前后主要客居扬州，以卖画为生。为"扬州八怪"之一。其诗、书、画均旷世独立。擅画兰竹，其中画竹五十余年，成就最为突出。工诗词，描写民间疾苦颇为深切。有《板桥全集》。

【悟诗意】

竹子抓住青山一点也不放松，它的根牢牢地扎在岩石缝中。经历成千上万次的折磨和打击，它依然那么坚强，不管是吹来酷暑的东南风，还是吹来严冬的西北风，它都能经受得住，同以前一样坚韧挺拔，顽强地生存着。

【表诗情】

这首诗的语言简易明快，却又执着有力，具体生动地描述了竹子生在恶劣环境下，长在危难中，而又自由自在、坚定乐观的性格。这也是一首寓意深刻的托物言志的诗，托岩竹的坚韧顽强，言自己刚正不阿、正直不屈、铁骨铮铮的品质。

"咬定青山不放松，立根原在破岩中"，诗人在诗中着力表现了竹子那顽强而又执着，坚韧不拔的品质。把岩竹拟人化，已传达出它的神韵，说竹子在破碎的岩石中扎根，基础牢固。

"千磨万击还坚劲，任尔东西南北风"，进一步写岩竹的品格，说它经过了无数次的磨难，长就了一身特别挺拔的姿态，从来不惧怕来自东西南北的狂风。

即使经受风雪雨霜的击打，它们也仍然坚定强劲。作者在赞美竹石的坚定顽强精神中，还表达了自己不怕任何打击的硬骨头精神。后两句常被用来形容革命者在斗争中的坚定立场和受到敌人打击决不动摇的品格，因其崇高的境界与非凡的气势成为千古传诵的名句。

郑燮不但写咏竹诗美，而且画出的竹子也栩栩如生，用他的话说是"画竹子以慰天下劳人"。所以这首诗表面上写竹，其实是写人，写作者自己那种正直倔强的性格，决不向任何邪恶势力低头的高傲风骨。同时，这首诗也能给我们以生命的感动。在恶劣的环境中，战胜困难，面对现实，像岩竹一样刚强勇敢，体现了爱国者的情怀。

【收藏夹】

本诗具备了演讲稿思想深刻、感情强烈的特点：诗人一开始就起调高亢、观点鲜明地提出了人生的价值取向——人活着就要像竹石一样坚忍顽强。其铁骨铮铮的品质溢于言表，有振聋发聩的作用。一个"咬"字破空而起，慷慨雄健、掷地有声地写出了竹子的顽强品质，诗人将竹子那种无论在怎样艰难情况下都无愧为英雄豪杰的气魄展现在读者面前，让人肃然起敬。最后一句中的"任"字，语出惊人，直抒胸臆，用议论抒情的写作方式写出了竹子无畏无惧、慷慨潇洒、积极乐观的精神面貌。诗人所描述的竹子代表着一种气魄的承载，一种所向无惧的人生姿态。那种凛然风骨，浩然正气，充斥天地之间，直令鬼神徒然变色。全诗字里行间透出一股正气，表现出诗人的英雄气节，深深的爱国之情喷涌而出，震撼人心。

读诗学写作

 诗文扫一扫

夏日绝句

［宋］李清照

生当作人杰[①]，
死亦为鬼雄[②]。
至今思项羽[③]，
不肯过江东[④]。

【词释义】

①人杰：人中的豪杰。汉高祖曾称赞开国功臣张良、萧何、韩信是"人杰"。

②鬼雄：鬼中的英雄。

③项羽：秦末时自立为西楚霸王，与刘邦争夺天下，在垓下之战中，兵败自杀。

④江东：项羽当初随叔父项梁起兵的地方。

【知诗人】

　　李清照（1084－约1155）　南宋女词人。号易安居士，济南章丘（今属山东）人。父亲李格非为当时著名学者，丈夫赵明诚为金石考据家。早年生活优裕，与丈夫赵明诚共同致力于金石书画的搜集整理。金兵入据中原，流寓南方，赵明城病死，境遇孤苦。所作词，前期多写其悠闲生活，后期多悲叹身世，情调感伤。形式上善用白描手法，自辟途径，语言清丽浅近。论词强调协律，崇尚典雅，提出词"别是一家"之说，诗文，留存不多，部分篇章感时咏史，情辞慷慨，与其词风不同。著有《易安居士文集》《易安词》，不传。后人辑有《漱玉词》，真伪杂陈。今有《李清照集校注》。

【悟诗意】

　　生时应当做人中豪杰，死后也要做鬼中英雄。到今天人们还在怀念项羽，因为他不肯苟且偷生，退回江东。

【表诗情】

　　这是一首借古讽今、抒发悲愤的怀古诗。诗中的英雄气概直逼须眉，令人联想到那些视死如归、慷慨悲歌的燕赵之士。全诗仅二十个字，却连用了三个典故，句句箴言，字字千钧，毫无堆砌之弊，因为这些都是诗人的心声。其中的哲理，蕴含着人生的至高境界，被以后所有为正义而战的勇士们引为做人的原则。而能写出如此文字的奇女子，实在是压倒须眉了，遍数古今，只怕是难得一见。

【巧借鉴】

观点鲜明：诗人开篇引用典故从容论生死，达观凛然。

"生当作人杰，死亦为鬼雄"，诗的开头两句势如千钧，先声夺人地将那种生死都无愧为英雄豪杰的气魄展现在读者面前，让人肃然起敬。活着应该像汉朝的开国功臣张良、萧何、韩信等人那样为国建功立业，报效朝廷；"死"也应该做"鬼雄"，方才不愧于顶天立地的好男儿。这两句诗是一种精髓的凝练，是一种气魄的承载，是一种所向无惧的人生姿态，因其崇高的境界与非凡的气势成为千古传诵的名句。

直抒胸臆，夹叙夹议。

"至今思项羽，不肯过江东"，诗人追思那个叫项羽的楚霸枭雄，追随项羽的精神和气节，通过歌颂项羽的悲壮之举来讽刺南宋当权者不思进取、苟且偷生的无耻行径。都说退一步海阔天空。仅一河之遥，却是生死之界，仅一念之间，却是存亡之抉。项羽，为了无愧于英雄名节，无愧七尺男儿之身，无愧江东父老所托，以死相报。"不肯"不是"不能""不想""不愿""不去"。是一种"可杀不可辱""死不惧而辱不受"的英雄豪气，令人叫绝称奇而无复任何言语！

项羽最壮烈的举动当属因"无颜见江东父老"，放弃暂避江东以重整旗鼓而自杀身亡。在诗人李清照看来这种失败中表现出来的异乎寻常的英雄气概在宋朝统治者南渡时尤显可贵。诗人盛赞"不肯过江东"的精神，实因感慨时事，借史实来抒写满腔爱国热情。"至今"两字从时间与空间上将古与今、历史与现实巧妙地勾连起来，透发出借怀古以讽今的深刻用意。

习作实践园

 老师教一教

小朋友，演讲稿的结构形式比较活泼，或旁征博引、剖析事理，或引经据典、挥洒自如，或层层深入、就事论事。结构形式不管怎样变化，都要求内容突出、问题说透、推理严密、层次清晰、情理交融。写演讲稿时要注意以下几点：

☺开篇：开门见山，亮出主旨。

这种开头不绕弯子，直奔主题，开宗明义地提出自己的观点。运用这种方法，必须先明确把握演讲的中心，把要向听众揭示的论点摆出来，使听众一听就知道讲的中心是什么，注意力马上集中起来。

☺正文：思想深刻，感情强烈。

一个成功的演讲，不可能没有高潮。演讲要体现两个特点：一是思想深刻、态度明确，最集中体现演讲者的思想观点；二是感情强烈，演讲者的爱恶、喜怒在这里得到尽情宣泄。

☺结尾：干脆利落，简洁有力。

演讲稿的结尾，是主体内容发展的必然结果。结尾或归纳、或升华、或希望、或号召，方式很多。好的结尾应收拢全篇，卒章显志，干脆利落，简洁有力，切忌画蛇添足，节外生枝。

【妙句呈现】

反动派暗杀李先生的消息传出以后，大家听了都悲愤痛恨。我心里想，这些无耻的东西，不知他们是怎么想法，他们的心理是什么状态，他们的心是怎样长的！其实很简单，他们这样疯狂地来制造恐怖，正是他们自己在慌啊！在害怕啊！所以他们制造恐怖，其实是他们自己在恐怖啊！特务们，你们想想，你们还有几天？你们完了，快完了！你们以为打伤几个，杀死几个，就可以了事，就可以把人民吓倒了吗？其实广大的人民是打不尽的，杀不完的！要是这样可以的话，世界上早没有人了。

你们杀死一个李公朴，会有千百万个李公朴站起来！你们将失去千百万的人民！你们看着我们人少，没有力量？告诉你们，我们的力量大得很，强得很！看今天来的这些人，都是我们的人，都是我们的力量！此外还有广大的市民！我们有这个信心：人民的力量是要胜利的，真理是永远存在的。历史上没有一个反人民的势力不被人民毁灭的！希特勒，墨索里尼，不都在人民面前倒下去了吗？翻开历史看看，你们还站得住几天！你们完了，快了快完了！我们的光明就要出现了。我们看，光明就在我们眼前，而现在正是黎明之前那个最黑暗的时候。我们有力量打破这个黑暗，争到光明！我们的光明，就是反动派的末日！

——选自闻一多《最后一次讲演》

【妙句赏析】

《最后一次演讲》是闻一多先生在1946年7月的李公朴追悼会上所做的讲演，在讲演中闻一多对以蒋介石为首的国民党反动派的倒行逆施做出了深刻的揭露和批判。当天下午闻一多就遭到了国民党特务人员的暗杀，也代表了闻一多誓死献身革命的坚定决心。

演讲中，闻一多先生在严厉声讨反动派的无耻罪行和卑劣行径的同时，也高度颂扬了李公朴先生为民主与和平而献身的爱国主义精神，而且还号召广大人民群众站起来，一起与反动派作坚决的斗争。其无论是在演讲的思想内容还是在演讲的语言技巧上，都可以说是一次杰出的演讲，是值得探讨的。闻一多先生在演讲中立场非常鲜明地表明了自己的主张，阐明自己的见解。赞成什么，反对什么，表扬什么，批评什么，均态度明确，毫不含糊。他既有冷静地分析，即晓之以理，又有诚挚热烈的感情，即动之以情，以其严谨的思想启发听众，以鲜明的观点影响听众，所以这篇演讲既有说服力，又有鼓动性，给听众以极大的教育和震撼。

金牌例文榜

祖国在我心中

张蒂

亲爱的老师，同学们：

大家好！

站在这里，我首先想请问你们一个问题：在你们心中，什么最伟大？我想，答案一定是两个字——祖国。

我们在圆明园里了解祖国的屈辱和悲愤；在长城上，了解祖国的雄伟和磅礴；在大漠荒原，了解祖国的广大和辽阔；在丝绸之路上，了解祖国的悠久和渊博。

当看到书本里那段祖国被列强侵略的苦难时，我们义愤填膺，因为祖国在我们心中；当神舟六号遨游太空，我们欢呼，我们雀跃，因为祖国在我们心中；当香港回归祖国时，我们激动，我们流泪，因为祖国在我们心中；当举国上下迎接

设问吸引听众，亮出演讲对象。使听众抓住所讲内容"伟大的祖国"。

设置特定地域在空间上引领听众，回顾历史，引发想象，感受"伟大"特征，排比造势，开局大气。

"当"字起笔，在时间纵向上概括每一个展示祖国伟大的重大事件。感情充沛强烈，心随着国家的

2008年北京奥运会时，我们燃烧，我们沸腾，也是因为祖国在我们心中！

祖国，她是我们共同的母亲，是无法割舍的灵魂之根，是我们身心栖居的家园。近百年来，许许多多的中华儿女，为了让这个家园繁荣富强，为了能让人民过上安定的生活，哪一个不是用"祖国在我心中"来鞭策自己不断努力奋斗。

周恩来之所以能成为中国人民敬仰的一代伟人，是因为他用"为中华之崛起而读书"来鞭策自己；现代科学家童第周从一个后进生变成了轰动西方科学界的中国留学生，动力来自他的坚定信念——"外国人能办到的，中国人也能办到"；伟大的科学家钱学森，不畏艰辛远涉重洋回到祖国，为祖国奉献了一生，他一直以来不变的崇高信仰是他归国时感人肺腑的"祖国啊，我回来了！"

"自古英雄出少年"，穿越祖国历史的长河，在这段悠长的记忆里，也涌现出了许许多多的少年英雄。王二小、刘胡兰、董存瑞……他们为了中华民族的兴旺和强盛，进行了不屈不挠的奋斗与拼搏，直至献出自己年轻而又宝贵的生命。他们的事迹，令人肃然起敬；他们的精神永远鼓舞着我们奋发向上。

梁启超曾说过："少年强，则国强；少年富，则国富；少年屹立于世界，则国屹立于世界！"

枯荣起伏动荡，爱国之情油然而生。

以为伟大祖国做出杰出贡献的伟大人物为例，反复论证伟大的祖国一定不缺乏伟大的人物，"祖国在我心"是他们的共性。

我们是祖国的骄子，是新时代的宠儿，风华正茂的一代。怎样用钢筋铁骨支撑起共和国的大厦，怎样迈开走向世界的步伐？同学们，祖国在我们心中，和谐家园在我们心中，我们应该为之而付出努力。努力学习吧，把我们的祖国建设得更加美好，让一个富强、民主、文明的中国，在21世纪这个崭新的年代里屹立于世界之林！

结尾归纳中不乏希望号召。以问带答，收拢全篇，回扣题目，干脆利落。

【导师点评】

情感真挚、感人。小作者直抒胸臆，形象地抒发了自己深沉而真挚的爱国情感。文章中写实和象征交织，描述了一系列内涵丰富的鲜明意象，表现了祖国的无穷魅力。情绪从无形到有形，从隐现到明晰，呈现出一组别开生面的思想浪花。

结构清晰，语言富于感染力。追忆中深挖主题，为读者提供有力的历史佐证，从而为发出号召打下铺垫。个像与群像结合，既重点突出、典范明确，又概括归纳、不失分寸。文中语言很有气势，字字铿锵有力，充满了决心，充满了号召力，非常振奋人心。文章开篇点题，结尾呼应首段，首尾连贯，使文章主题回环复沓，感染力极强。

我爱我班

陈依依

尊敬的老师们，亲爱的同学们：

大家好！

今天，我演讲的题目是《我爱我班》。

缘分让我们相聚于六年级2班，热情让我们立足于六年级2班，使命让我们奋斗于六年级2班。50张笑脸，50颗童心，50个活泼可爱的阳光少年聚集在一起，构成了我们这个团结互助、勤奋博学、进取争先的优秀班集体。就在我们这50个孩子组成的世界里，有着说也说不完的故事，唱也唱不完的歌：教室里，有你我伏案苦读的身影；操场上，有你我奔跑跳跃的回忆；茶园里，留下了我们一串串辛勤耕耘的足迹。无论在哪儿，都充满了我们50个孩子的欢声笑语。

我爱我班，爱这温馨的家园。在这个班级中，我们会感到家庭般的温暖，兄弟姐妹般的友情。无论是冲过终点后同学们的问候，还是失败后朋友的关怀；无论是病痛时同伴送来的热水，还是发言时老师殷切的眼神，都给了我们家的感觉，家的温暖。我们忘不了为病中同学送上的心愿瓶，忘不了那个让人泪下的生日会，忘不了辩论会上的唇枪舌剑，更忘不了运动场上共创佳绩的拼搏。50颗善良的心似火一样的热情，把我们紧紧团聚

开头的排比句充满深情，包含赞美与感恩。不绕弯子，介绍对象，明确把握演讲的重心——阳光的六年级2班。

运用两组关联词"是……还是……""无论……都……"的句式，传递不同生活场景下班集体的家庭般的温暖感受。

在一起。

　　我爱我班，爱这激人奋进的成长氛围。在我们班，每位同学都能在老师的教育下努力学好各门功课，个个有特长，人人有优点。数学之星李冬阳，每次老师在黑板上留下的思考题，他总会第一个冲进老师的办公室，胜利归来，满怀激情地向我们展示；作文大王孙晓艳更是让人佩服得五体投地，她的每篇文章都是那样生动传神，情真意切，《赶猪》一文至今让我们笑破肚皮；金嗓子李娜更是歌声悠扬，舞姿翩翩。

　　我呢，别看身材瘦小，可心有天高。成长在这样的班集体，怎能不受到熏陶？大家都夸我语文成绩优秀，数学水平领先，体育更是了得，在前段时间身体素质达标测试中，立定跳远我一下跳出了年级之最，210厘米，大家不禁为我欢呼雀跃。你说，我班，谁没有拿手好戏？

　　我爱我班，爱这蓬勃向上的班级战斗力。我们班的男生虽然偶尔有些调皮，各拿各的号，各吹各的调，但关键时刻他们绝对会和大家一道奏出优美的和谐乐章。自开学以来，我班班干部便成了大家的主心骨，班级的领头雁。他们工作负责，身先士卒，热心服务。同学们都表现得胸怀宽广，从不为芝麻小事斤斤计较。正因如此，组织纪律，清洁卫生已成了同学们的必修课，"优秀班集体"的流动红旗便成了我们六年级2班的

抓住三名同学的事例印证"我"班为奋斗之班，每个学生各有特长。叙述简洁，典型得当。

从班干部的身先士卒到其他同学的积极响应，层次分明地表达了六年级2班是一个具有集体荣誉感的蓬勃向上的班集体。

知已，常来我班做客。

我爱我班，爱她温馨如家，爱她激人奋进，爱她蓬勃向上。是她陪我学习，伴我成长。同学们，希望之光已在地平线上冉冉升起，让我们手拉手，心连心，阔步向前行！

谢谢大家！

> 再次饱含深情地抒发对班级的热爱，同时三个"爱"字对文章进行总结，并提出号召，语重心长。

【导师点评】

结构完整、严谨。文章从"温馨如家""激人奋进""蓬勃向上"这三个角度书写对班级的热爱之情，阐释了"我为何爱我班"，清晰明了。

选材详略得当。在对具体同学的介绍上，"我"的篇幅较长，独立成段，能够充分体现班集体对"我"的影响，把"我爱我班"情感更真切、更自然、更强烈地表现出来。

好词大搜索

描写刻苦学习、努力奋进的词语：

夜以继日　勤学苦练　圆木警枕　闻鸡起舞　发愤忘食　引锥刺股
鸡鸣而起　攻苦食淡　以身作则　奋发图强　坚持不懈　持之以恒
勇往直前　斗志昂扬　朝气蓬勃　自强不息　白手起家　卷土重来
人定胜天　悬梁刺股　磨杵作针　废寝忘食　勤学苦练　专心致志

请根据自己的感受和体会，运用搜集到的资料，围绕《祖国在我心中》这一主题写一篇演讲稿。题目自拟，字数在800个以内。

教师评语：_____

_____。

家长评语：_____

_____。

想象篇

寓言故事

习作指南针

▶ 结合注释，理解每篇寓言故事的大意，感悟
  其深刻的思想内涵。

▶ 学习卒章显志的写作手法。

我爱古诗文

老师的话

　　小朋友，寓言故事是文学体裁的一种。它结构简单，通常用假托的故事或自然物拟人手法说明某个道理或教训，常常带有讽刺或劝诫的性质。寓言的主人公可以是人，可以是动物，也可以是植物等。

　　写寓言故事，要让读者一眼就能从简练明晰的故事中悟出深刻的道理。在文章结尾，用一两句话点明中心、主题的写作手法叫卒章显志，也叫"篇末点题"。"志"就是指文章的主题、中心，"卒"为完毕。恰当运用这种手法可以增加文章的深刻性、感染力和结构美，有"画龙点睛"的艺术效果。

　　我们通过先秦思想家韩非所写的《矛与盾》和《吕氏春秋》中的《刻舟求剑》两篇寓言故事，学习卒章显志的写作手法，让故事蕴含的道理变得更加深刻、意味深长，从而明确地表现主题思想。

矛与盾

［先秦］韩非

楚人①有鬻②盾与矛者，誉之③曰："吾④盾之坚⑤，物莫能陷⑥也。"又誉其矛曰："吾矛之利⑦，于物无不⑧陷也。"或⑨曰："以⑩子⑪之矛，陷子之盾，何如⑫？"其人⑬弗⑭能应⑮也。众皆笑之。夫⑯不可陷之盾与无不陷之矛，不可同世而立⑰。

【词释义】

①楚人：楚国人。

②鬻（yù）：卖。

③誉之：夸耀(他的)盾。誉，称赞，这里有夸耀，吹嘘的意思。

④吾：我。

201

⑤坚：坚硬。

⑥陷：陷落，这里有"穿透""刺穿"的意思。

⑦利：锋利。

⑧无不：没有。

⑨或：有人。

⑩以：用。

⑪子：你。

⑫何如：会怎么样。

⑬其人：这个人。

⑭弗：不 。

⑮应：回答。

⑯夫：句首语气助词，表示要发表议论。

⑰同世而立：同时并存。

【知诗人】

　　韩非（约公元前280-公元前233）战国末哲学家，法家主要代表人物。出身韩国贵族。与李斯同师事荀子。曾建议韩王变法图强，不见用。著《孤愤》《说难》等十余万字，受到秦王政的重视，被邀出使秦国。不久因李斯、姚贾谗害，自杀于狱中。韩非吸收道、儒、墨各家的思想，尤其有选择地接受前期法家的思想，集法家学说的大成。他极为重视唯物主义与效益主义思想，积极倡导君主专制主义理论，目的是为专制君主提供富国强兵的霸道思想。韩非死后，后人搜集其遗著，并加入他人论述韩非学说的文章编成《韩非子》一书，共五十五篇，二十卷。《韩非子》也是间接补遗史书对中国先秦时期史料不足的参考重要来源之一，著作中许多当代民间传说和寓言故事也成为成语典故的出处。

【悟文意】

　　楚国有个卖矛又卖盾的人，他首先夸耀自己的盾，说："我的盾很坚固，任何东西都无法穿破它！"然后，他又夸耀自己的矛，说："我的矛很锐利，任何东西都能被它穿破！"有的人问他："如果用你的矛去刺你的盾，会怎么样？"楚国人张口结舌，回答不出来了，众人纷纷大笑。什么都不能刺穿的盾与什么都能刺穿的矛，不可能同时存在于这个世界上。

【表文情】

这个故事，用生动的比喻辛辣地讽刺了那些将事情故意夸大，言过其实的人，深刻地揭露了他们夸夸其谈、不务实际的思想和作风。文中的这个楚国人说话未免过于绝对，前后自相矛盾，不能自圆其说，难免陷入尴尬境地。要知道，戳不破的盾与戳无不破的矛是不可能并存于世的。因此，我们无论做事还是说话，都要留有余地，不能也不要夸过头，必须实事求是，前后一致。

这个故事还告诉我们，一个人对同一问题，是不能做出截然相反的判断的。若是这样做了，那就是犯了逻辑上的错误。矛盾是事物存在的普遍形式，任何事物都存在矛盾，不管是物质的客观世界，或是思维的主观世界，都有矛盾问题。有矛盾不见得是坏事。有矛盾才有事物的进步与发展。关键是我们要认识矛盾，分析矛盾，研究矛盾，解决矛盾。只有这样才能让事物得到发展。

【收藏夹】

本文运用了卒章显志的写作手法。在文章结束时，作者笔锋一转，将要表露的中心思想很自然地说出来，让人深受启发。结尾的"夫不可陷之盾与无不陷之矛，不可同世而立"，正是作者所要表达的主题，以卒章显志作结，一下子突出了文章的主旨。前边的故事描写，正是为后边的主题立意做好铺垫，这样的结尾显得自然、有力，也统贯了全篇要义，此即卒章显志之法的妙用。

读诗学写作

诗文扫一扫

刻舟求剑

［先秦］佚名

楚人有涉①江者②，其③剑自④舟中坠⑤于⑥水。遽⑦契⑧其舟，曰："是⑨吾⑩剑之⑪所从坠⑫。"舟止⑬，从其⑭所契者入水求⑮之⑯。舟已行矣⑰，而⑱剑不行，求剑若⑲此⑳，不亦惑乎㉑！

【诗释义】

①涉：过，渡。

②者：……的人，定语后置的标志。

③其：他的，代词。

④自：从。

⑤坠：落。

⑥于：在，到。

⑦遽（jù）：急忙，立刻。

⑧契（qì）：用刀雕刻。

⑨是：指示代词，这，这个，这儿，这样。

⑩吾（wú）：我的。

⑪之：主谓之间取消句子独立性。

⑫所从坠：从剑落下的地方。坠，落下。

⑬舟止：停止，指船停了下来。

⑭其：他，代词。

⑮求：找，寻找。

⑯之：剑，代词。

⑰矣（yǐ）：了。

⑱而：然而，表转折。

⑲若：像。

⑳此：这样。

㉑不亦惑乎：不是很糊涂吗？惑，愚蠢，糊涂。"不亦……乎"是一种委婉的
反问句式。

【悟文意】

　　楚国有个渡江的人，他的剑从船中掉到水里。他急忙来到船边上在掉下
剑的地方做了记号，说："这是我的剑掉下去的地方。"船到目的地后停了
下来，这个楚国人从他刻记号的地方跳到水里寻找剑。船已经航行了，但是
剑没有行进，像这样寻找剑，不是很糊涂吗！

【表文情】

　　刻舟求剑是一个由寓言故事演化而来的成语，意思是以静止的眼光来看待变化发展的事物，必将导致错误的判断。文中的楚国人正是犯了这样的错误，这个故事对那些思想僵化、墨守成规、看不到事物发展变化的人是一个绝妙的讽刺。比喻人的眼光未与客观世界的发展变化同步，不懂得根据实际情况处理问题；也比喻办事刻板，拘泥而不知变通。

【巧借鉴】

　　故事完整：具备事件起因、经过、结果。

　　"楚人有涉江者，其剑自舟中坠于水。遽契其舟，曰：'是吾剑之所从坠。'舟止，从其所契者入水求之"，人物、事件、地点交代得很清楚。人物：楚人；地点：船上；事件起因：剑从船中落入水中；事件经过：楚人在船边剑掉落处刻下记号；事件结果：船到岸边，楚人从刻下记号处下水寻剑，结果可想而知。通过人物的语言描写，可以了解到这个人的基本特征，思想僵化，死守教条，拘泥成法，固执不知变通。人物性格的描写为结尾的故事总结起到了很好的铺垫作用。

　　卒章显志：点明题意，突出中心思想。

　　"舟已行矣，而剑不行，求剑若此，不亦惑乎"，刻个记号便于打捞宝剑，原本并无错，可是把记号刻在了移动的船上，那岂不等于没有记号吗？这个故事告诉我们，世界上的事物，总是在不断地发生变化，不能死守教条只凭主观愿望做事情，不能想当然，要根据客观情况的变化灵活处理。情况变了，解决问题的方法、手段也要随之变化，否则就会失败。告诫人们不能片面、静止、狭隘地看待问题。

习作实践园

 老师教一教

小朋友，卒章显志的写作手法，其运用过程并不复杂，那就是"先实写，再虚写"。实写，就是实实在在地叙述事件、述说人物、描述情节；虚写，就是点明主题、揭示道理、深化情感。在一篇短短的寓言之后，有时可用寓言中"人物"的语言进行点题，有时则可用作者的旁白进行点破。

【妙句呈现】

蝙蝠掉落在地上，被黄鼠狼叼去，它请求饶命。黄鼠狼说绝不会放过它，自己生来痛恨鸟类。蝙蝠说自己是老鼠，不是鸟，便被放了。后来蝙蝠又掉落了下来，被另一只黄鼠狼叼住，蝙蝠再三请求不要吃他。这只黄鼠狼说它恨一切鼠类。蝙蝠改口说自己是鸟类，并非老鼠，又被放了。这样，蝙蝠两次改变了自己的名字，终于死里逃生。这故事说明，我们遇事要随机应变。

——选自《伊索寓言·蝙蝠与黄鼠狼》

【妙句赏析】

《伊索寓言》相传为公元前六世纪时，由被释放的古希腊奴隶伊索所著。《伊索寓言》大多是动物故事，以动物为喻，教人处世和做人的道理，少部分以人或神为主，篇幅小而寓意深刻，比喻恰当，形象生动，通常在结尾以一句话画龙点睛地揭示蕴含的道理。

作者在这里运用卒章显志的写作手法，在对所写事物的深刻理解的基础上，用极精练的语言，把文章的精髓揭示出来，从而说明了随机应变的重要性。它既起到点题作用，又和文中的叙事相互映衬，熠熠生辉，从而极好地展现了全文的中心思想。这种结尾将全文的内容引申到一种深刻的意义或深化的意境中去。可以说，在这样的文章里，全文的铺叙、描写，都是为了结尾那含义深刻的"一刹那"，都是为结尾"蓄势"。正是由于有了这种点破，此寓言的主旨、意趣便赫然显现，寓言的"身体"便活现出"灵魂"，让人从中深受启迪。

金牌例文榜

"十"的五天经历

前言

汉字"十"不论正看、侧看还是颠倒看都端端正正的。但它却不甘于此，决心寻找新的生活位置，即使是身心俱变，只要能体现更大的人生价值就行，于是就有了五天的经历……

第一天：只想上爬

"欲体现伟大价值，就要高人一等。""十"这样想着，便开始了它第一天的行程。它先来到"又"的头上成了"支"。"支持""支援"天天到处奔波，这个"支"没什么意思。它不屑于待在"又"上，便找到了"口"，爬上去，一下

指出写作对象，要用汉字"十"演绎为实现人生价值不惧身心疲累，执着追求的精神之美，立意鲜明。同时暗示了文章的编排。

子成了"古"。"'古'有什么好？'古旧''古板'——过时了的，一点也不新潮，我还是走吧……"

第二天：委身低下

吸取头一天的教训，"十"委下身来，想找个低下的位置。它来到"日"下成为"早"，却觉得"早"也不够完好，虽有"清早、早晨"之义，但仍不免有"古"那"早先、过去"之味。于是它又来到"丿"下，立即成为身价百倍的"千"。这回它乐了：原来委身低下也并非不好！

第三天：敢于当先

"上下位置都体验了，前边怎么样？"勇于尝试的"十"又开始了它的人生探索：它找到了"办"和"尃"。"兄弟，我当你们的前锋如何？""那当然好了。"它们异口同声地说。于是它成了"协"和"博"。"协作"就能"广博"，达到"博大"，"当先锋还真不错；明天再做后卫试试。""十"想。

第四天：处在后边

"十"走了很长时间，也没有找到适合自己做其后卫的字。接近中午时，它又遇到了"口"。"怎么又是你？前天我爬到你头上成了'古董'并不好。""你可以跟在我身后啊，当个映衬红花的绿'叶'不是很好吗？""是嘛，那我就试试做个'叶'。"可成为"叶"后它仍心有不甘："老是跟在别人后边，总没有处于中心好吧！"

以时间为线，紧扣题目，以小标题结构模式，层层推进，表现人生起伏，傲—卑—勇—败—正。

第五天：甘心居中

"十"悄悄地离开"口"，想找个居中心的位置，直到黄昏时它才再次遇到"口"。"口"知道它的心思，就说："来吧，不愿在身后，就走进我的心中，成为'田园'的'田'也能体现自身的价值啊！""好！那就让我成为'田园'的一部分吧！"说着"十"进了"口"中。

后记

"十"进入"口"中便再也没有出来。因为这五天的经历让它悟出了这样一个道理：不论处于怎样的位置，只有努力耕耘的人，其生命的绿树才能绽放出有价值的红花。

收放自如，卒章显志，不含蓄、不拖沓，在前文层层铺垫基础上水到渠成：位不在高，努力就好，敬业就好，自有价值闪光之时。

【导师点评】

构思独特新颖。用汉字"十"这个怎么翻转都没变化的字演绎一部追求自我价值最大化的奋斗史，让人眼前一亮。

结构合理，条理清晰分明。全文按提出目标、追求目标、解决措施的总分总顺序去写，通篇流畅练达。主体部分更是层次分明，小标题工整匀称。

好强的公鸡

田园

狐狸早就想吃公鸡肉了。看着那肥胖健硕的公鸡，真恨不得立刻就上去咬一口。可是它忍住了，黑狗和公鸡时刻不离左右，黑狗那对锐利的犬牙可惹不起！于是狐狸想出了一个主意。

"大家都看见了，那公鸡胆小得可怜。"狐狸逢人便嘲讽公鸡："别看公鸡个儿大、嗓门高，威风凛凛。实际上毫无骨气，它离不开黑狗。如果没黑狗的保护，一天也活不下去，真是无用的窝囊废……"

狐狸的冷言冷语传到公鸡的耳朵里，公鸡一蹦三尺高，它觉得自尊心受到了伤害。"什么？我胆小要黑狗保护？"公鸡气得脸色发紫，它大嚷大叫："我怕过谁！你们没见我格斗时的气势吗？哼，我再也不跟黑狗住在一起了，你们看看我能不能活下去。"

公鸡决定搬家了。黑狗苦口婆心一再劝阻，并告诫可能有人包藏祸心，要防止出意外。可是公鸡半句话也听不进去，甚至觉得自己让人议论，都是由于黑狗的原因。于是它不再理会黑狗，把家搬到偏僻的地方，发誓从此不再和黑狗为邻。

故事开端，矛盾展开，狐狸的狡诈本性显露。黑狗成了狐狸诡计能不能得逞的关键。

运用动作、语言描写，展示公鸡好强的个性，推动故事发展。

故事进入高潮部分：好强的公鸡中了狐狸诡计。为下文点题、明示主旨做出铺垫。

这正是狐狸所求之不得的。就在公鸡搬家的当天晚上，狐狸登门造访。我们实在无法领略公鸡当时的英雄气概表现如何，只是第二天黎明时再也没听到它按时的啼鸣声。天亮了，在公鸡新居前除了些杂乱的鸡毛和骨头，其他什么也没有。

自尊心的极大成分中包含虚荣，它会使人失去理智，一旦让敌人利用，后果将不堪设想。

故事的结局不出意外，公鸡的好强性格使它付出了生命的代价。

总结全文，卒章显志，哲理评判，警示人类。

【导师点评】

借寓言故事演绎哲理。小作者将《狐狸与乌鸦》的寓言故事进行了改编，不仅变换了角色，还赋予了新的主题，令人深受启迪。

语言精练概括。四字词语使用较多，如"肥胖健硕""威风凛凛""毫无骨气""冷言冷语""大嚷大叫""包藏祸心""苦口婆心""求之不得""登门造访""不堪设想"等，概括精炼，表达准确。

好词大搜索

含有故事的成语：

愚公移山	画蛇添足	掩耳盗铃	亡羊补牢	买椟还珠	守株待兔
杯弓蛇影	伯乐相马	班门弄斧	拔苗助长	沉鱼落雁	草木皆兵
背水一战	草船借箭	乘风破浪	一鼓作气	夜郎自大	黔驴技穷
铁杵磨针	闻鸡起舞	盲人摸象	滥竽充数	按图索骥	邯郸学步

　　小朋友，寓言故事的主人公既可以是人，也可以是物。因此，在写寓言故事时一定要把握其体裁特征：编生动的故事，设曲折的情节，表现有教育意义的主题或深刻的道理。同时在写作时要借助夸张、拟人、比喻等修辞手法，借此喻彼、借远喻近、借古讽今、以小见大。力求有故事，多趣味，见道理。请你运用卒章显志的写作手法写一篇寓言故事，题目自拟，字数不限。

教师评语：_____

_____。

家长评语：_____

_____。

童话时空

- 结合注释理解古诗大意，感悟诗人在诗中表达的思想感情。
- 学习塑造童话故事中的拟人化形象。

我爱古诗文

老师的话

　　小朋友，你想和童话中的小猫小兔、小花小草做朋友吗？想和它们一起上学、玩耍、吃饭，甚至是推心置腹地聊天、交流、讲故事吗？童话故事中的拟人化形象，是指把一些不能与人类交流的动物，甚至没有感觉的植物拟人化，赋予它们人类的行为特点，把本来不具备人的动作和感情的它们变得和人一样，使其具有人的外表、个性、思想感情以及语言能力，来达到意想不到的效果。它既能生动形象地写出某事物的某个特点，又有了拟人化之后特有的具象效果，让读者感到所描写的事物更活泼、亲近。

　　我们通过宋代诗人苏轼的《海棠》和林逋的《山园小梅二首（其一）》两首诗，学习通过将事物拟人化，使所写之物生动、形象、具体。

 佳篇点击

海　棠

［宋］苏轼

东风①袅袅②泛③崇光④，
香雾空蒙⑤月转廊。
只恐夜深花睡去⑥，
故⑦烧高烛照红妆⑧。

【词释义】

①东风：春风。

②袅袅：微风轻轻吹拂的样子。一作"渺渺"。

③泛：摇动。

④崇光：高贵华美的光泽，指春光。

⑤空蒙：一作"霏霏"。

⑥夜深花睡去：暗引唐玄宗赞杨贵妃"海棠睡未足耳"的典故。

⑦故：于是。

⑧红妆：用美女比海棠。

【知诗人】

　　苏轼（1037-1101）　北宋文学家、书画家、美食家。字子瞻，号东坡居士。眉州眉山（今属四川）人，苏洵长子。累除中书舍人、翰林学士、端明殿学士、礼部尚书。元丰三年（1080）以谤新法贬谪黄州。绍圣初，又贬惠州、儋州。徽宗立，赦还。卒于常州。追谥文忠。博学多才，善文，工诗词，书画俱佳。其文汪洋恣肆，明白畅达，与欧阳修并称"欧苏"，为"唐宋八大家"之一；诗清新豪健，善用夸张、比喻，艺术表现独具风格，与黄庭坚并称"苏黄"；词开豪放一派，对后世有巨大影响，与辛弃疾并称"苏辛"；书法擅长行书、楷书，能自创新意，用笔丰腴跌宕，有天真烂漫之趣，与黄庭坚、米芾、蔡襄并称"宋四家"；画学文同，论画主张神似，提倡"士人画"。著有《东坡七集》和《东坡词》等。

【悟诗意】

袅袅的春风吹动了淡淡的云彩，露出了月亮，月光也是淡淡的。花朵的香气融在朦胧的雾里，而月亮已经移过了院中的回廊。只是害怕在这深夜时分，花儿会睡去，因此燃着高高的蜡烛，不肯错过欣赏这海棠盛开的时机。

【表诗情】

这首诗写的是诗人在花开时节与友人赏花时的所见，题为"海棠"，而起笔却对海棠不做描绘，这是一处曲笔。前两句写环境，后两句写爱花之事。

"东风袅袅泛崇光"，首句"东风袅袅"形容春风的吹拂之态，"崇光"是指正在增长的春光，着一"泛"字，写出春意的暖融，这为海棠的盛开造势。

"香雾空蒙月转廊"，次句侧写海棠，"香雾空蒙"写海棠的阵阵幽香在氤氲的雾气中弥漫开来，沁人心脾。"月转廊"，月亮已转过回廊那边去了，照不到这海棠花。暗示夜已深，人无寐，当然读者也可从中读出一层隐喻：处江湖之僻远，不遇君王恩宠。这两句把读者带入一个空蒙迷幻的境界，十分艳丽，然而略显幽寂。

"只恐夜深花睡去"，写夜间的海棠，诗人创造了一个散发着香味、空空濛濛的、带着几分迷幻的境界。此句转折一笔，写赏花者的心态。当月华再也照不到海棠的芳容时，诗人顿生满心怜意：海棠如此芳华灿烂，不忍心让她独自栖身于昏昧幽暗之中。一个"只"字极化了爱花人的痴情。此刻他心里只有这花儿璀璨的笑靥，其余的种种不快都可暂且一笔勾销了。一个"恐"字写出诗人不堪孤独寂寞的煎熬而生出的担忧、惊怵之情，也暗藏了作者欲与花共度良宵的执着：这是一种"忘我""无我"的超然境界。

"故烧高烛照红妆"，末句更进一层，将爱花的感情提升到一个极点。"故"照应上文的"只恐"二字，含有特意而为的意思，表现了诗人对海棠的情有独钟。

"烧高烛"遥承上文的"月转廊"，这是一处精彩的对比，月光似乎也太嫉妒这怒放的海棠的明艳了，那般刻薄寡恩，竟然不肯给她一方展现姿色的舞台。那就让我用高烧的红烛，为她驱除这长夜的黑暗吧！"照红妆"呼应前句的"花睡去"三字，极写海棠的娇艳妩媚。"烧""照"两字表面上都写诗人对花的喜爱与呵护，其实也不禁流露出些许贬居生活的郁郁寡欢。他想在赏花中获得对痛苦的超脱，哪怕这只是片刻的超脱也好。

全诗语言浅近而情意深永。写此诗时，诗人虽已过不惑之年，但此诗却没有给人以颓唐、萎靡之气，从"东风""崇光""香雾""高烛""红妆"这些明丽的意象中读者分明可感受到诗人达观、潇洒的胸襟。

【收藏夹】

诗人运用了将所写之物拟人化的写作手法。"只恐夜深花睡去"，诗人由花及人，突发奇想，用一个"睡"字将海棠花拟人化，深切巧妙地表达了爱花惜花之情：花儿孤寂、冷清得想睡去，那我如何独自打发这漫漫长夜？这一句写得痴绝，是全诗的关键句。它运用唐玄宗把杨贵妃喝醉后的样子称为"海棠睡未足"的典故，转而以花拟人，点化主题，浑然无迹。深夜诗人恐怕花睡去，不仅是把花比作人，也是把人比作花，为花着想，十分感人，表明了诗人是一个性情中人，极富浪漫色彩。

童话时空

读诗学写作

 诗文扫一扫

山园小梅二首（其一）

[宋] 林逋

众芳摇落独暄妍^①，占尽风情向小园。

疏影横斜^②水清浅，暗香浮动^③月黄昏^④。

霜禽^⑤欲下先偷眼^⑥，粉蝶如知合^⑦断魂^⑧。

幸有微吟可相狎^⑨，不须檀板^⑩共金樽^⑪。

【词释义】

①暄（xuān）妍：景物明媚鲜
丽，这里是形容梅花。

②疏影横斜：梅花疏疏落落，
斜横枝干投在水中的影子。
疏影，指梅枝的形态。

③暗香浮动：梅花散发的清幽
香味在飘动。

④黄昏：指月色朦胧，与上句
"清浅"相对应，有双关
义。

221

⑤霜禽：羽毛白色的禽鸟。根据林逋"梅妻鹤子"的趣称，理解为"白鹤"更佳。

⑥偷眼：偷偷地窥看。

⑦合：应该。

⑧断魂：形容神往，犹指销魂。

⑨狎（xiá）：玩赏，亲近。

⑩檀（tán）板：檀木制成的拍板，歌唱或演奏音乐时用以打拍子。这里泛指乐器。

⑪金樽（zūn）：豪华的酒杯，此处指饮酒。

【知诗人】

　　林逋（967—1029）北宋诗人。字君复，钱塘（今浙江杭州）人。幼时刻苦好学，通晓经史百家。书载其个性孤高自好，喜恬淡，勿趋荣利。长大后，曾漫游江淮间，后隐居杭州西湖，结庐孤山。种梅养鹤，经身不仕，也不婚娶，旧时称其"梅妻鹤子"。其诗风格淡远，内容多反映隐逸生活和闲适心情。

【悟诗意】

　　百花凋零，独有梅花迎着寒风昂然盛开，那明媚艳丽的景色把小园的风光占尽。稀疏的影儿，横斜在清浅的水中，清幽的芬芳浮动在黄昏的月光之下。白鹤想飞落下来时，先偷看梅花一眼；夏日的蝴蝶如果知道这梅花的美丽应该惭愧得死去。幸喜我能低声吟诵，和梅花亲近，不用敲着檀板唱歌，执着金杯饮酒来欣赏它了。

【表诗情】

这首诗突出地写梅花特有的姿态美和高洁的品性，诗人采用侧面烘托的方法，渲染梅花高洁的风骨，极富神韵。同时赋予梅花以人的品格，以梅花的品性比喻自己孤高幽逸的生活情趣，将自己与梅花的关系达到了精神上的无间契合。

【巧借鉴】

景色描写：突出诗人对梅花的喜爱与赞颂之情。

"众芳摇落独暄妍，占尽风情向小园"，梅花是在百花凋零的严冬迎着寒风昂然盛开，那明丽动人的景色把小园的风光占尽了。首联中一个"独"字、一个"尽"字，充分表现了梅花独特的生活环境、不同凡响的性格和那引人入胜的风韵。诗人虽是咏梅，实则是他"趣向博远"思想性格的真实写照，其诗正是诗人人格的化身。

形态、气味描写：突出梅花独有的特点。

"疏影横斜水清浅，暗香浮动月黄昏"，颔联是最为世人称道的，它为人们送上了一幅优美的山园小梅图。"疏影""暗香"二词用得极好，它既写出了梅花不同于牡丹、芍药的独特形态，又写出了它异于桃李浓郁的独有芬芳。这一联简直把梅花的气质风姿写尽绝了：它神清骨秀、高洁端庄、幽独超逸。极逼真地刻画出梅花形神活现的神韵。上句轻笔勾勒出梅之骨，下句浓墨描摹出梅之韵，极真实地表现诗人在黄昏月下的清澈水边漫步，那静谧的意境，疏淡的梅影，缕缕的清香，使之陶醉。"横斜"传其妩媚，迎风而歌；"浮动"言其款款而来，飘然而逝，颇有仙风道骨；"水清浅"显其澄澈，灵动温润。"暗香"写其无形而香，随风而至，如同捉迷藏一样富有情趣；"月黄昏"采其美妙背景，从时间上把人们带到一个"月上柳梢头，人约黄昏后"的动人时刻，从空间上把人们引进迷人意境。

拟人化手法：更进一步衬托出对梅花的喜爱之情。

"霜禽欲下先偷眼，粉蝶如知合断魂"，前句极写白鹤爱梅之甚，它还未来得及飞下来赏梅，就迫不及待地先偷看梅花几眼。"先偷眼"三字写得很是传神，诗人对现实事物的观察是非常细致的。后句"合断魂"一词指因爱梅而至销魂，这就把蝴蝶对梅的喜爱夸张到了顶端。诗人变换手法，用设想之词，来写假托之物，意味深邃。而那不为人经意的"霜""粉"二字，也是经诗人精心择取，用来表现他高洁的情操和淡远的趣味。

直抒胸臆：表达出诗人的生活旨趣和精神追求。

"幸有微吟可相狎，不须檀板共金樽"，诗人的感情由隐至显，从借物抒怀变为直抒胸臆，尾联中的"微"指其淡泊雅致，口中梅如此咀嚼，虽不果腹，然可暖心、洁品、动情、铸魂，读者看到的是和"霜禽""粉蝶"一样迫不及待和如痴如醉的诗人——一个梅化的诗人。在赏梅中低声吟诗，使幽居生活平添几分雅兴，在恬静的山林里自得其乐，真是别具风情，根本不须音乐、饮宴那些热闹的俗情来凑趣。这就把诗人的理想、情操、趣味全盘托出，使咏物与抒情达到水乳交融的境界。

习作实践园

 老师教一教

　　小朋友，童话故事中拟人化形象的范围十分广泛，包括对动物、植物，以及其他非生物，各种具体和抽象事物、概念、观念、品质的拟人化。它可以分为以下三种情况：

　　😊 把非生物拟人化。

【妙句呈现】

　　火车悠长地鸣笛。对面车壁上的移动着的方形光斑减慢了速度，加大了亮度。在昏暗中变成了一个个的影子的乘客们逐渐显出了立体化的形状和轮廓。车身一个大晃，又一个大晃，大概是通过了岔道。又到站了。咣——哧，铁门打开了，站台的聚光灯的强光照进了车厢。岳之峰看清楚了，录音机就放在那个抱小孩的妇女的膝头。开始下人和上人。录音机接受了女主人的指令，"叭"地一声，不唱了。

　　"这是……什么牌子的？"岳之峰问。

　　"三洋牌。这里人们开玩笑地叫它作'小山羊'"。妇女抬起头来，大大方方地回答。岳之峰仿佛看到了她的经历过风霜的，却仍然是年轻而又清秀的脸。

——选自王蒙《春之声》

【妙句赏析】

《春之声》是著名作家王蒙所著小说，它没有贯穿全篇的故事情节，主要借助人物在特定环境下的心境、联想和下意识的活动，创造出某种典型意境，反映出社会生活和人的心灵奥秘，向人们传递着春天的信息。

上面这段文字中，作家把"录音机"这种非生物当作人来描写，赋予了它生命的活力（或是人的特点）。不仅写出了它的某个特点，使它生动形象，富有很强的感染力，给人以清晰深刻的印象，而且能鲜明地表现出作者对所描写的事物的感情。

☺ 把生物拟人化。

【妙句呈现】

高粱好似一队队的"红领巾"，悄悄地把周围的道路观察；

向日葵摇头微笑着，望不尽太阳起处的红色天涯。

矮小而年高的垂柳，用苍绿的叶子抚摸着快熟的庄稼；

密集的芦苇，细心地护卫着脚下偷偷开放的野花。

——选自郭小川《团泊洼的秋天》

【妙句赏析】

《团泊洼的秋天》写于1975年9月。当时，郭小川受到"四人帮"及其余党的残酷迫害，被非法关押在天津市郊静海县团泊洼干校隔离审查。但这一切并未动摇诗人久经斗争考验的坚强意志。这首诗是诗人在高压下进行英勇斗争的真实记录，是充满革命战士豪情与革命乐观主义精神的响亮诗歌。

作者将"高粱""向日葵""垂柳""芦苇"等生物当作人来描写，赋予它们人的动作和思想感情。不但让事物更加生动形象、具体可感，以此引发读者联想和想象，还增强了语言的美感、表现力，使句子更生动、形象，富有文采。同时强调了作者对这些事物的喜爱之情，从而起到了深化全诗主题的作用。

☺把抽象概念拟人化。

【妙句呈现】

多少年代，多少内外的敌人

用最恶毒的女巫的话语

诅咒着你，

用最顽强的岩石一样的力量

压制着你，

在你开始成形的时候

又用各种各样的阴谋诡计

来企图虐杀你。

你，新的中国，人民的中国呵，

你终于在旧中国的母体内

生长，壮大，成熟，

你这个东方的巨人终于诞生了。

——选自何其芳《我们最伟大的节日》

【妙句赏析】

　　《我们最伟大的节日》是诗人何其芳参加开国大典后写下的对新中国诞生的热烈赞歌，抒发了作者对新中国强烈的热爱之情。

　　选取的这段文字，作者把"新中国"当作人来描写，赋予她一些人的动作和思想感情。作者对这些事物的特征进行了深刻描绘和渲染，用浅显易见的事物对深奥的道理加以描述，化抽象为具体，化繁为简，从而能够帮助人们更加深入地去理解。

金牌例文榜

"愤怒"与"宽容"

陈峰

在一座青翠的山上，住着一位漂亮的仙女。她有一颗非常善良的心，每天都会帮助动物、植物，包括喜、怒、哀、乐等这些表达情感的文字实现一个单纯的小愿望。

这一天，所有来想要实现愿望的都心满意足地走了，只剩"怒"字了。"怒"字用手托着下巴，坐在一边在想着什么。

"怎么啦？"仙女笑眯眯地问道。

"怒"字难过地问道："仙女，我那么惹人厌吗？"

"不是啊，怎么啦？"

"那为什么我住在一个小女孩的身体里，大家都说她的脾气变得越来越大啦，希望我立刻离开她呢！呜呜呜……"说着，"怒"字难过地哭了起来。

"人类的认识有时是不全面的，每个事物都有正反两面！你也有你的好呀！没有了你，怎样表达人类的一种心情？"仙女笑眯眯地说道。

"哦……""怒"字陷入了沉思。

"你回去吧！我已经知道你心里想要的啦！"

开篇通过仙女能帮助各种事物实现小愿望，展现文章的神话色彩。将各种表达情感的文字拟人化，也显示出小作者独特的构思。

运用动作、神态、对话描写，生动形象地写出"怒"字内心的纠结、伤感，同时也体现了仙女的善解人意、美丽纯洁。

哲理性的解答，让读者感受仙女超凡脱俗、与众不同的特质。

设置悬念，引发

仙女笑道。

　　"怒"字似懂非懂地回去了。其实，它也不知道自己心里想要的到底是什么。

　　"怒"字在家里高兴地等了很久很久，可心里想要的那个愿望还没来，它再也耐不住啦，自言自语道："怎么还没来呢！"

　　一个小小的身影走了过来。

　　"您好！对不起，我迟到了！""怒"字心里想要的那个愿望带着甜美的微笑深深地鞠了一躬，它便是"宽容"。

　　"怒"字心头的那把大火，一下被"宽容"那种神奇的力量给融化了。从此，它们便成了最要好的朋友。

　　以宽大的胸襟去对待他人，这不好吗？

阅读兴趣。

　　点明文题，教人学会以德报怨、以恕谢怒。反问收尾，引人深思。

【导师点评】

　　化抽象为形象，以实写虚。小作者以神话传说兼寓言的方式写出为人处世的态度，通俗易懂、巧妙别致。仙女的指导与介入更是锦上添花。

　　对话描写朴实逼真，结尾收束自然。在人物对话中穿插进细腻逼真的神态描写，读之如同身临其境。文中设置悬念，引发读者兴趣，直到结尾才恍然大悟，毫不拖泥带水。

战　争

阮玫

　　一个安静的午后，忽然，手无意间揉了一下眼睛，眼睛受到了刺激，流出眼泪来，眼泪流到了鼻子里，鼻子忍不住，迫使嘴巴打了个喷嚏，唾沫溅到了手上，手正要去打嘴巴，没想到打到了嘴巴的近邻耳朵。

　　"手先生，"耳朵抢先发言，"我说你怎么朝我乱打，要知道，没有了我，你们可就什么也听不见了。""你不就是只能听那么两下子吗？要是没有了我，你们都要饿得扁扁的了。"嘴巴不服气。

　　"你们算哪根葱？"眼睛发火了，"要是没有我，大自然的万紫千红、百花争艳，你们能看得见吗？要说老大，我才是当之无愧的人选呢！"

　　平时沉默寡言的鼻子忍不住了，说："我才是不折不扣的老大！"眼睛、耳朵、手和嘴巴异口同声地问："为什么？""你们这群笨家伙，连这都不知道。你们想一想，如果没有了我给你们提供氧气，那你们还能生存下去吗？还敢跟我争老大！"鼻子回答道。

　　手不屑一顾地说："要不是平时我给你们按摩，你们能有这么白嫩的皮肤吗？你们这群忘恩负义的东西，我才是老大哩！"

　　"是我！""我是老大！""你算什么，我才

手是始作俑者，而后牵一发动全身。起笔妙不可言。

"眼睛"自以为是，口气逼人。同时"要说老大，我才是当之无愧的人选"，为后文争宠铺垫。

"鼻子"不甘示弱，形神兼备。"我才是不择不扣的老大"，再次将文章推向高潮。由点到面，由个像到群像，顺其自然。

是老大呢！"大家闹成一片，声音十分嘈杂。

"是谁在吵，把我都给吵醒了。"原来是大脑总司令醒了。大家见大脑醒了，忙跑到它面前去，七嘴八舌地把刚才发生的事情说了一遍，并请它评判谁当老大合适。

大脑沉思了一下，对大家说："如果谁同时可以吃、可以看、可以呼吸、可以按摩、可以听，谁就是你们之中的老大。"

大家听了，费尽心思地按照大脑总司令的话去做。可是不管怎么做，鼻子只能呼吸，嘴巴只能吃，耳朵只能听，眼睛只能看，手只能按摩，谁也无法做到大脑提出的条件。

这时，大脑语重心长地对它们说："你们是一个集体，个人有个人的作用，如果离开了这个集体，谁也无法生存。所以，你们要团结友爱呀！"

大家听了大脑的一番话，知道自己错了，觉得很惭愧。从此，它们团结友爱、互相帮助，再也没有发生类似的事了。

结尾直入主题，呼吁处理好个人与集体的关系。宣扬团结互助的处世态度。

【导师点评】

语言调侃又不失庄重。打得热闹，吵得乱套，教得巧妙，最终从一出闹剧变为了一出正剧，全仰仗小作者不凡的语言表达能力。各器官的功用在对话中，切中要害，特征突出，表述准确。

情节设置有多米诺骨牌的效果。文章开头设计巧妙，"手揉眼睛"一触即发，情节环环相扣，让读者体验到相声《五官之争》的艺术效果，结尾点明主题，令读者印象深刻。

我来显身手

　　小朋友，你写过童话故事吗？在写童话故事时，我们需要有一个鲜明的主题，借虚构的故事、离奇的情节，颂扬人间的真善美。故事可以虚构，环境可以假设，情节可以离奇。请你充分发挥自己的想象力，冲破时间、空间的限制和生活常规的制约，深入到别人不敢想、想不到的领域，写一个童话故事，给人以耳目一新又真实自然之感。题目自拟，字数在800字左右。

教师评语：_____

_____。

家长评语：_____

_____。

好词大搜索

含有比喻修辞手法的词语：

春深似海　　繁花似锦　　归心似箭　　骄阳似火　　口若悬河　　流年似水

如虎添翼　　寿比南山　　虚怀若谷　　车水马龙　　铜墙铁壁　　门庭若市

如火如荼　　味同嚼蜡　　如鱼得水　　冷若冰霜　　草木皆兵　　呆若木鸡

含有对比修辞手法的词语：

口是心非　　虎头蛇尾　　好逸恶劳　　阳奉阴违　　南辕北辙　　外强中干

含有对偶修辞手法的词语：

地大物博　　感恩戴德　　山穷水尽　　家喻户晓　　藕断丝连　　丰功伟绩

莺歌燕舞　　生龙活虎　　峰回路转　　晓风残月　　羽扇纶巾　　披星戴月

图书在版编目（CIP）数据

诗词之美（六）/ 李兴海主编. —北京：石油工业出版社，2019.4
ISBN 978-7-5183-2034-9

Ⅰ.①诗… Ⅱ.①李… Ⅲ.①古典诗歌–诗歌欣赏–中国 Ⅳ.①I207.2

中国版本图书馆CIP数据核字（2019）第023181号

诗词之美（六）

李兴海　主编

出版发行：石油工业出版社
　　　　　（北京市朝阳区安定门外安华里2区1号　100011）
网　　址：www.petropub.com
编 辑 部：（010）64249707　图书营销中心：（010）64523633
经　　销：全国新华书店
印　　刷：北京中石油彩色印刷有限责任公司

2019年4月第1版　2019年4月第1次印刷
787×1092毫米　开本：1/16　印张：15.75
字数：155千字

定　价：39.80元
（如发现印装质量问题，我社图书营销中心负责调换）